典律的錨準

2005-2013 年三大報新詩獎研究

趙文豪著

文 史 哲 學 集 成
文史哲出版社印行

國家圖書館出版品預行編目資料

典律的錨準：2005-2013 年三大報新詩獎研究 /
趙文豪著. -- 初版 -- 臺北市：
文史哲, 民 104.01
頁；公分（文史哲學集成；669）
參考書目：頁
ISBN 978-986-314-239-3（平裝）

1.新詩 2.新評

820.9108 104000451

文史哲學集成 669

典 律 的 錨 準

2005-2013 年三大報新詩獎研究

著　　者：趙　　　文　　　豪
出 版 者：文 史 哲 出 版 社
http://www.lapen.com.tw
e-mail：lapen@ms74.hinet.net
登記證字號：行政院新聞局版臺業字五三三七號
發 行 人：彭　　　正　　　雄
發 行 所：文 史 哲 出 版 社
印 刷 者：文 史 哲 出 版 社
臺北市羅斯福路一段七十二巷四號
郵政劃撥帳號：一六一八〇一七五
電話 886-2-23511028・傳真 886-2-23965656

實價新臺幣三六〇元

中華民國一〇四年（2015）一月初版

文學人生

　　文豪與我初識是在紀州庵的文學活動場合，給我的第一
印象就是溫文活力，眼神閃著亮光，說話不時嘴角上揚的文
青，之後，在 Facebook 社群或 LINE 私訊中，也漸漸熟悉他
是台師大台文博士生，同時是《創世紀》詩刊新一輩旗手，
愛好文學創作與評論，作品散見於聯合副刊、幼獅文藝、文
訊等刊物，同時協助電影公司寫寫文案，也擔任「美力台灣
3D 行動電影院」總策畫，走訪全國偏鄉小校或資源弱勢地
區，甚至也在補習班教導學子寫作，這在台灣文學研究同儕
或是文壇後起之秀當中，顯得份外特別與活躍，不只同時進
出學院、文壇，也親身實踐社會關懷。

　　也算是特別有緣吧！幾度在公眾場合我跟文豪都不約而
同出席，特別是在創世紀六十周年慶祝會場中，人聲鼎沸，
我跟其他嘉賓談興正濃，文豪沒有刻意趨前，而是事後告知，
就像體諒朋友一般，讓我頗感窩心。最近則在第十一屆台文
博碩士生學術研討會上，拿到文豪獲得台北市文化局補助出
版的新詩集，詩作大多以都市為取材背景，相當能呈現其詩
觀與個人特色。難得的是，日前又聽他提起刻正整理碩士學
位論文即將出版，並邀我寫篇序，聞此佳訊我立即答應，雖
然公務繁忙，但畢竟文友出書好事一樁，無論如何也不能推

辭，更樂於向讀者推薦這部作品。

《典律的錨準 ── 2005-2013 年三大報新詩獎研究》全書資料整理豐富、理路清晰，允爲專研新詩獎代表之作，研究焦點主要是針對「三大報文學獎的輸入（input）、產出（output）、影響（impact）以及回饋（feedback）的機制構成」、「從三大報文學獎新詩組的獲獎作品，試圖探析其性質與美學之共相與殊相」兩個核心問題。並輔以埃斯卡皮的《文學社會學》、布爾迪厄的權力場域（a field of force）及文化資本（culture capital）理論，作爲全書主要概念及篇章的基礎架構，以探究三大報文學獎的傳播效應、權力運作及後續影響。研究方法則採「量化分析」及「深度訪談法」，除整理分析 2005 年到 2013 年這近十年的三大報新詩獎版圖，也第一手訪談文學獎的主辦方、評審乃至多位得獎者心聲。

文豪是台灣文學界可期待新起之秀，相信以其才情與努力，未來更有傲人成績，值此專書出版前夕，謹記數語，除簡述我與文豪相識之誼，也恭賀他日進有功。

國立台灣文學館館長　　翁誌聰

摘　　要

　　過去在百萬大報時期，報業挾帶著龐大的傳播力與影響力，倘若又能獲得「文學獎」的桂冠，更有機會被直接塑造為文壇明星，作為出版社出版的重要指標。面對傳播社會與環境的更迭，尤其是新興的數位匯流趨勢，以致平面報紙閱讀率下降，副刊版面連帶受到影響而遭到壓縮；但每年固定舉辦的文學獎，依舊吸引眾多文學創作者參與。

　　「三大報新詩獎」，即為《聯合報》所主辦的「聯合報文學獎」新詩組、《中國時報》所主辦的「時報文學獎」新詩組、及《自由時報》透過創辦人所成立之基金會所主辦的「林榮三文學獎」新詩組作為研究對象。本研究之所以將研究範疇訂於「2005 至 2013 年」，乃因自 2005 年開始，林榮三新詩獎開始加入另外兩大報的新詩獎，然後到 2013 年，則為末屆聯合報文學獎。

　　爰是，本書期待佐以三大報新詩獎的生產機制作為背景，探究其共相與殊相，再探新詩獎的影響與回饋，來檢視當代三大報文學獎在文學傳播所佔的位置；另外，對於仍然在不斷創作的詩人而言，它們又是扮演著什麼樣的角色？又是否這樣的得獎行為，產生某些影響，而隱隱形成一種態勢及策略。

典律的錨準

—— 2005-2013 年三大報新詩獎研究

目　　次

表次目次

圖次目次

第一章　緒　論

　　1987 年解嚴以前，在動輒百萬大報的年代，報業挾帶著龐大的傳播力與影響力，許多作家莫不冀求能夠在副刊佔有一「欄」之地，一旦發表文章就彷彿取得文壇身分的門票，讓眾多的讀者來認識自己。倘若又能獲得「文學獎」的桂冠，更能被直接被塑造成為文壇明星，作為出版社出版的重要指標[1]，爰此，當時的「副刊」，可看作形塑文學傳播霸權的關鍵所在。

　　後來報禁解除，我們看見平面報業的競爭 ── 《自由時報》另一種聲音的進入、《蘋果日報》鯨吞市場大餅，以及第四臺及新聞臺二十四小時全天候新聞的放送，再加上網路興盛，導致媒體生態改變。在這樣的過程中，我們看見報業的老闆及編輯，正為著銷售量及出版量想盡辦法節流、開源，也看到媒體在新時代的轉型。面對傳播社會與環境的變易，尤其是新興的數位匯流趨勢，以致平面報紙閱讀率下降，副刊版面連帶受到影響而遭到壓縮；但每年由報社所固定舉辦的文學獎，依舊吸引眾多文學創作者參與，不僅每個人都能夠投稿是很大的動力，跨過千禧年的世紀之交，儘管地方文

1　李崇建，〈文學獎有必要這麼多嗎？〉，收錄於 8P 著，《百日不斷電 ── 別為文學抓狂》（臺北：聯合文學，2005），頁 151。

學獎湧現，但「三大報文學獎」總是能夠吸引眾多的來稿。

　　本書所探討的「三大報新詩獎」，是建立在「報紙媒體」的影響力，並透過行之有年的舉辦，逐步奠定它在文壇上的價值。「三大報新詩獎」，即為摘取《聯合報》所主辦的「聯合報文學獎」新詩組、《中國時報》所主辦的「時報文學獎」新詩組、以及《自由時報》透過創辦人所成立之「林榮三基金會」所主辦的「林榮三文學獎」「新詩組」作為研究對象。本書之所以將研究範疇訂於「2005 至 2013 年」，乃呼應面對 2005 年以降，媒體轉型、新詩獎得獎者年輕化的狀態；更重要的是擷取「林榮三文學獎」正式進入「三大報文學獎」體系的橫切面。

關於文學獎

　　「文學獎」，就是這樣提供一個文學創作與發表的平臺，在「讀者」及「作者」的連結間，通過每年大抵固定的編審機制及殊異的評審組合，達成「得獎作品」的產出，以形成「文學獎」的文化場域，並成為行之有年的活動。法國社會學家埃斯卡皮（Robert Escarpit）以《文學社會學》一書奠定他的經典地位，在書裡起筆是這麼說的：「所有文學活動都是以作家、書籍及讀者三方面的參與為前提。」[2]長期關注文學發展與文學媒介關係的向陽也認為，作為社會學的領域，文學離不開上述作家、媒介以及讀者三者的互動關係：

---

2 埃斯卡皮（Robert Escarpit）著，葉淑燕譯，《文學社會學》（臺北：遠流，1990），頁 3。

> 從文學的視角來看，社會是由文學反映出來的；歷史
> 是由文學書寫出來的 —— 介於社會的橫切面和歷史的
> 縱切面之間，文學通過媒介（手稿、書籍、雜誌、報
> 紙副刊、網路）方才彰顯了它對當代與後代讀者的影
> 響，從而再現（representation）了歷史與社會的形貌[3]。

　　透過不同的媒介，我們就不能不再密切地注意文學傳播
媒介所展現其形式與特質，其中手稿與個人創作出版的書
籍，展現出作家的個體特色；而文學雜誌，一直在臺灣文學
史上扮演著自我認同與社群凝聚的重要角色，除了不斷在極
速發展與變形中的網路媒介；至於以「社會大眾」作為目標
讀者的報紙副刊，則可看作是一個個的文化場域（field），
它們集結對立的意識型態，反映文學社會發展多元化的相
貌，而副刊所主辦的文學獎更具代表性。

　　根據《2002 年臺灣文學年鑑》關於「文學獎名錄」的統
計[4]，當時全國性的文學獎已有五十種之多，到了 2005 年根
據「文學創作者」網站所公布的徵文消息[5]，包括首屆成立的

---

3 向陽，《浮世星空新故鄉 —— 臺灣文學傳播議題析論》（臺北：三民，2004），
　頁 17-18。
4 參見彭瑞金編，《2002 年臺灣文學年鑑》（臺北：文建會，2003），頁
　455-468。另在國立臺灣文學館的網站也將歷年的臺灣文學年鑑數位化並
　擺上網站，以供方便民眾上網搜尋資料。網址：
　http://almanac.nmtl.gov.tw/opencms/almanac/almanacList.html，瀏覽日期
　2013 年 4 月 1 日。
5 「文學創作者」網站張貼各種徵文比賽的消息，行之有年，已成為得知徵
　文或文學獎事項資訊其主要管道之一。網址：
　http://www.pressstore.com.tw/yon/resource/award.asp?year=2005，瀏覽日期
　2013 年 6 月 29 日。

「林榮三文學獎」及「福報文學獎」等[6]，更是成長到高達
60 多個文學獎。當時投稿者透由獎項的編制，通過規則的設
立、以及評審的評選，然後有包括臺灣、馬華、中國作家……
得獎者的群星熠熠 ── 其中挖掘出眾多華人文壇新銳，又有
對於文壇老將的再次肯定，以深化文學班底的建構。

在臺灣為數眾多的文學獎中，在每年固定徵稿[7]的前提
下，依徵稿對象可分為：綜合性徵文獎、終身成就獎、圖書
獎。其中，「綜合性徵文獎」，由政府或民間單位所舉辦，
也是最常所見到的文學獎形式，概可分類如下：

（一）開放性題材，例如三大報新詩獎、小說獎、散文
　　　獎及皇冠大眾小說獎等，在徵獎規章裡，不會規
　　　定來稿者從限定的題目或題材去書寫，也讓得獎
　　　作品的主題五花八門、包羅萬象。

（二）特定主題，例如宗教文學獎、海洋文學獎、簡訊
　　　文學獎……投稿者需依據徵獎規則裡的主題方
　　　向去書寫，或是在作品裡需提及相關的風土民情
　　　或地理場景關係。

（三）特定對象，例如徵求全國學生作品的臺積電青年
　　　文學獎、中興湖文學獎、全國學生文學獎、X19
　　　詩獎、又或是個別大專院校所設的文學獎等，對
　　　於來稿對象的資格有其限定。

---

6 為紀念《人間福報》成立五週年，與林榮三文學獎同在 2005 年開辦文學
　獎，「福報文學獎」文學類徵求極短篇小說獎、散文獎，僅辦理三屆便宣
　告終止。
7 政府及民間團體每年都會舉辦為數可觀的文學獎，這樣的前提是先袪除為
　配合文學相關活動所不定期舉辦的主題徵文競賽。

　　然而，近年如雨後春筍之出的地方性文學獎，通常是由各縣市政府主辦，由出版公司或廣告公司承辦，徵稿的身分資格又可分作「一般國民」或「限定本地人參加」[8]的條件。在原本僅限本地人參加的身分限制條件，後來也日漸開放變成在有條件作為前提的全國國民都可以參加，這個條件就是需以當地風俗文化作為題材的主題限制。以近兩屆的彰化縣磺溪文學獎為例，2012 年第 14 屆的磺溪文學獎除了報導文學類因為內容限定需要書寫彰化縣的風土民情，而不限來稿者身分，但其他類別諸如新詩、短篇小說、及散文，來稿者的身分就有明確的限制，包括本籍彰化縣、曾在彰化縣就學或工作 1 年以上者、或目前於彰化縣就學、工作者才可以投稿。但在 2013 年第 15 屆磺溪文學獎在規則上就有了轉變，直接在投稿者身分註明如果是「本籍彰化縣、目前（或曾經）在彰化縣就學、工作者」，就不受題材的限制，或是「作品內容是在書寫彰化縣風土民情者」那來稿者的身分便不受限制。

　　這裡我們可以發現，目前的文學獎已然不同於前行世代的面貌。撰寫臺灣文學史的學者咸將過去的文學發展概略分作：1950 年代的反共文學、1960 年代的現代主義文學、1979 年代的鄉土文學。政府遷臺初期，為配合統治者集聚軍民同心的反共意念、配合三民主義的指導原則，在 1950 年代，「中

8　一般地方文學獎的參加資格可分作這兩類：前者指的是全國人民；後者指的是要在本籍出生、設籍、工作、或就學等相關條件。另外，還有「與地方相關」題材的限制，通常是指作品須反映當地風土民情。而在這麼多地方文學獎的舉辦中，我們也可以看到許多熟悉的名字屢次得獎，此則引發另一種討論，本文之後也將以此現象和三大報文學獎作一相關論述。

華文藝獎金委員會文藝創作獎」憑藉著政府政策作爲強力後盾，從檢查思想並到通過政治認可，獲獎作家便有機會在當時獲得文壇名位的鞏固與提昇；而到了 1970 年代之後，臺灣的社會形態則從農民社會作爲主幹逐漸轉型，新設的文學獎也改頭換面。

在這段期間，《聯合報》在 1957 年的更名以後，於 1976 年創設「聯合報小說獎」，除了爲將來的文學獎戰場揭開序幕以外，並持續耕耘從前身《民族報、全民日報、經濟時報聯合報》創刊就存在的「聯合副刊」，並且一直是國民政府遷臺以後重要的文學園地。在「聯合報小說獎」設獎兩年後，《中國時報》則在媒體強人高信疆的帶領下，在 1978 年競相設立「時報文學獎」。1987 年解嚴之後，《聯合報》、《中國時報》兩大報正值互爭百萬發行量的強力競爭之際，《聯合報》從 1991 年起，繼去年「附設」報導文學獎的方式，當年的聯合報小說獎也開始附設「新詩獎」，直至 1994 年（第十六屆）後，正式從「聯合報小說獎暨附設新詩獎、報導文學獎」的名稱，更名爲「聯合報文學獎」；雖然《中國時報》起步較晚，但在 1983 年隨後即「正式」增設新詩獎。由於聯合報小說獎曾在 1985 至 1987 年中斷舉辦，所以目前在屆數的總和上，聯合報文學獎會稍落後於時報文學獎。此外，在那段期間，黨辦或官辦的《中華日報》及《中央日報》，雖然也有設立文學獎，但《中華日報》僅舉辦一屆。倘再以報紙徵求新詩的文類作爲以固定時間辦理文學獎的狀況來看，除《聯合報》、《中國時報》兩大報外，至多可加上《中央日報》，但它雖也從 1998 年開始徵求詩作，在隔年因故即告

休止。

　　再回到以文學獎的歷史中較具代表性的兩大報文學獎來看，在歷經威權體制，對於執政黨的態度以及彼時鄉土文學運動的態度，《聯合報》、《中國時報》都有截然不同的呈現，以下本文的討論，希望能夠先了解兩大報文學獎在臺灣數十年來，歷經政治情勢與經濟發展在文學呈現上的趨勢，再探析兩大報在文學史上的定位。

　　跨越了千禧年以後，報紙副刊在版型上有重大的變革。從 1990 年代一萬兩千字的手工貼版到 2000 年時，以「輕、薄、短、小」版面作為訴求，字體放大，圖片增加，至今字數平均六千字的版型也配合讀者的閱讀習慣。此外，現在我們所看到的報業都是私人企業經營的，想要生存就要想方設法賺錢，舉辦相關活動，這是時代環境使然，比起如果不改變而逐漸被市場所淘汰的企業，這是在目前較為積極作為的一種方式[9]。除了以上報社本身的活動，副刊也紛紛承辦基金會的文學獎或大眾文學獎，例如近年《聯合報》每年承辦的宗教文學獎、臺積電青年文學獎，以及《中國時報》的兩岸紀實文學獎等。

　　《自由時報》即於 2005 年起，透由林榮三基金會主辦，報社協辦的方式，開辦第一屆「林榮三文學獎」，限定「中華民國國籍」的徵稿對象，並以「激勵臺灣文學創作」作為

---

9 除了相關活動的舉辦，例如藝術展覽或日本動漫特展等，如此也讓報業能有更多角的經營；又如《中國時報》有「中天頻道」，《聯合報》也正在申請新聞頻道，結合相關知識領域，讓報業開拓更多元的面向，想辦法跳脫傳統「靜態」、「平面」的副刊工作。

主旨，舉辦「林榮三文學獎」。時至今日，與「時報文學獎」、「聯合報文學獎」相互映照，每年固定徵求徵稿的時間、龐大的來稿數量、繁複而「標準化」的作業流程，在文壇裡都是被視為具相當代表性，這便是本論文所稱的「三大報文學獎」。

在這樣的耙梳過程中，我們發現在三大報裡的許多主編，不僅同時具有「詩人身份」，也曾有過編詩刊的經驗，以發揮他們夢想創意的本領；又或是有詩人結社的經歷，而這讓我們再來看「三大報新詩獎」，不僅在徵獎規則上、乃至在詩潮的形構與變異中也絕非偶然。

爰是，本文期待能以三大報的新詩獎作為研究對象，佐以《聯合報》、《中國時報》、《自由時報》三大報的生產機制作為背景，探究其共相與殊相。本文的研究途徑援用布爾迪厄（Pierre Bourdieu）的權力場域與象徵資本理論，輔以埃斯卡皮的《文學社會學》探究文化社會的理念，作為本文章節架構：擬從文學獎的歷史沿革、設獎理念，再探文學獎的影響（impact）與回饋（feedback），來檢視當代三大報文學獎在現代文學傳播所佔的位置。

為何研究三大報新詩獎

文壇在新時代面臨許多形式的轉變，像是副刊的影響力不復以往，但是否也導致造成文學獎得主的影響日漸薄弱？在地方文學獎隨之崛起，往往吸引許多來稿，也有許多狀似「割稻部隊」的「賞金獵人」出現，運用極佳的文筆，揣摩

評審口味及主辦單位的喜好，在得獎名單上能夠頻頻看見他們的名字。抑或各地政府機關或財團法人基金會的補助，從補助出版費用到協助出書，又或者給予作家創作的補助津貼；還有從文學雜誌社、大學與高中校園、寫作團體利用假期舉辦的文藝營，從學生到只要熱愛文學的人士都可以參與，這一切都形構成現當代在臺灣文壇生態的流變。

　　諸如「得獎」這件事情，是否真的對於得獎者在得獎後會有「比較容易出書、容易獲得補助、參與文學社團、被邀請參與文學活動、擔任初、複審……」的可能性，本研究在後面篇章也將訪問數位新、中生代的得獎者，對於「文學獎」的價值觀，以及獲得「三大報新詩獎」以後，是否在對於寫作生活，真的會有一些改變？筆者也期許以自己曾得過數項文學獎及詩社社員的身分，多面向地看待及審視本研究。

　　本文設定「2005 至 2013 年」的三大報新詩獎作為研究範圍，而所謂三大報就是指《聯合報》、《中國時報》及《自由時報》所主辦或承辦的「文學獎新詩組」。即便過去曾有不少研究在談論「文學獎」的專題，但它們都是集中討論在《聯合報》、《中國時報》兩大報兩千年以前的文學獎。本研究則是真正加入《自由時報》的新詩獎後的「三大報新詩獎」來討論，縱向承自兩千年後當代新詩獎，將三大報新詩獎，作橫向間的相互討論與比較，進而了解新詩獎得獎詩作如何透過文字去展露藝術及文學社會的面貌，進而碇錨在文學典律的進程。

　　本研究期待能在近年現代詩所發展的歷史裡，找出三大報新詩獎的位置為何？三大報新詩獎的設立，是否會造成現

在我們所看見的文學生態？是否可以在這樣的過程中觀察到報社運用何種策略以達成典律的傳播，對於仍然在不斷創作的詩人而言，它又是扮演著什麼樣的角色？

即使在時代的變遷下，文學的內容已經沒有所謂「政策要求」用來檢查政治思想，反倒是因為大眾媒體的劇烈改變，全球化及多元文化快速影響臺灣文壇。作家、詩人不僅在網路上取得資源容易，以及書寫工具轉換，新世代透過「敲打鍵盤」比「紙筆書寫」更為普遍。打字的優勢在於快速，但也容易產生謬誤的字，連帶成為新世代經常被探討與期有關的國語文教育的問題；過去許多先行輩作家在書寫的修辭上，則是經過反覆淬鍊與再三斟酌才下筆。與此相關的是，三大報的新詩獎不只在字數的限制上有了多次的更迭，甚至也限制行數，有些甚至限制字數，讓某些得獎詩作的形式，是否會隱隱形成一種態勢及策略，這也是本文接著需要探討的問題。

本文所指三大報新詩獎的時間跨度

從台灣 1945 年的報業發展，由台灣省行政長官公署宣傳委員會指派李萬居擔任《台灣新生報》社長，乃國民黨政府來台後第一份公營報紙，也是當時葉石濤的「臺灣新文學史綱」的主要發表場域。[10] 1951 年，王惕吾從《民族報》的發

---

10 後來《台灣新生報》因為是在台灣唯一報導二二八事變的平面媒體，受到執政政府的壓力，1947 年李萬居自辦《公論報》，以「民主」、「自由」、「進步」作為辦報理念，不僅是民營報紙銷售量最佳，更因為無

行人兼社長，將其與《全民日報》、《經濟時報》合併出刊爲《民族報、全民日報、經濟時報聯合報》，當時共有四大張：依序分別是第一版的總統、第二版的政治、第三版的社會、以及第四版的「副刊」。另一方面，在 1950 年，由余紀忠所創辦的《徵信新聞》，也從專門報導物價指數的報紙，在 1968 年更名爲《中國時報》。另外，《自由時報》則是從原先的《自強日報》，於 1980 年被林榮三買去更名爲《自由日報》，並經遷址後再次更名爲《自由時報》，與《民眾日報》、《台灣日報》共爲本土報紙陣營。

　　本論文的研究焦點，主要是對「三大報文學獎的輸入（input）、產出（output）、影響（impact）以及回饋（feedback）的機制構成」、「從三大報文學獎新詩組的獲獎作品，試圖探析其性質與美學之共相與殊相」兩個核心問題。爰是，埃斯卡皮的《文學社會學》、布爾迪厄的權力場域（a field of force）及文化資本（culture capital）理論，皆作爲本論文主要概念及章節條目的基礎架構，以探究三大報文學獎的傳播效應及權力運作。

　　埃斯卡皮作爲法國 1950 年代興起的文學社會學研究代表人物，談到文學與社會的關係，強調一個傳播系統的構成，透過作者、作品以及大眾藉著兼具藝術、商業等特質而又極其繁複的運作，串連起那些族群[11]。在此，根據這樣的理論

謂強權的言論贏得「台灣大公報」的美譽。但在 1961 年，「該報股東以假處分的方式獲得《公論報》的發行權與經營權。隨即便將《公論報》賣給王惕吾，成爲「聯合報系」的《經濟日報》。

11 埃斯卡皮，頁 10。

框架，筆者試提出下圖以爲詮釋：

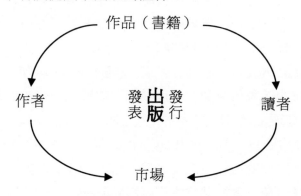

圖 1-1　文學作品傳播流程圖

　　書寫，雖是「作家」獨立的行爲，然而因爲作家所身處的社會，卻是已經先天地決定了他的書寫路徑。上圖裡的「作品」、「讀者」、「作者」、以及「市場」四個指標，參照埃斯卡皮在《文學社會學》所提及的「書籍」、「作家」、與「讀者」而依畫出的概念。筆者在此補述，書寫是「個體」的，但其行爲及結果卻導致爲「群體」的；因爲「作者」的創作行爲而有了「作品」，透過自己或出版業、經銷商的「發表」、「發行」、「出版」等輸出行爲，將作品導向「市場」，而再透過市場有形的利潤收入或無形的聲名大噪，又將回饋到「作家」本身。

　　本論文從三大報文學獎的生產機制出發，首先是探討三大報在平面報業的傳播課題，耙梳平面報業傳媒在歷史上所扮演的角色，然後是它們在什麼機緣下成立了文學獎，又如何能在歷史洪流及外在環境的衝擊下續存？這些傳播情境的界定與劃分，都有助於我們理解在三大報對於文壇的影響與

回饋。《聯合報》與《中國時報》分別於 1991 年及 1987 年，在文學獎的徵文對象內納入了現代詩獎[12]，其中「時報文學獎」長篇幅的「敘事詩獎」著實為其文學獎的一大特色，在第二屆至第五屆時報文學獎所徵求的敘事詩，以敘述歷史或當時某事件作為內容，具報導文學般寫實意味再現歷史。由於本文是取徑於 2005 年至 2013 年作為範疇，期許能以一個前後世代觀照的視野，重新再去看待在「林榮三文學獎」未被成立時兩大報的徵獎結構，並對照討論後來《自由時報》透由林榮三基金會所成立的「林榮三文學獎」所並列三大報文學獎的形構。

檢視在戰後政治環境的轉換、平面報業在發行量的興衰，檢視在 1987 年解嚴後《聯合報》和《中國時報》在歷經競爭百萬大報的交鋒以及大環境的變遷，兩報如何調整文學獎的性質。又，由於兩報歷時悠長，社內的主編也歷經換血，此刻之間文學獎的承接關係是否又有什麼樣的傳承或流變，這些都是本文期望能夠進一步加以探討。

本書的切入取徑

面對時代的更迭，法國文學社會學家埃斯卡皮在《文學

---

12 《聯合報》在 1976 年先是創設「聯合報小說獎」，1978 年《中國時報》接著成立「時報文學獎」，1987 年開始徵求現代詩的組別，但形式是「敘事詩」，為較長篇幅的呈現。緊接著，《聯合報》在第十三屆（1991 年）以附設的方式徵求現代詩創作，《中國時報》也在隔年（1992 年）將徵選的篇幅要求從過去上百行的篇幅調降至五十行以內；後來，《聯合報》到第十六屆（1994 年）正式改稱「聯合報文學獎」，與「時報文學獎」成為在「林榮三文學獎」出現以前所定調的「兩大報文學獎」。

社會學》解釋作家群集現象，提出兩個概念：「世代」（gé nération）與「班底」（equipe）[13]；世代，指出生於某一時期的作家叢湧而出，像群星在文學史上相互輝映，例如盛唐詩人、臺灣戰後跨越語言的第一代等，「文學史上每隔一段時間就會出現相對集中的作家群體、創作高峰、創作方法和文學樣事的周期性變化」[14]。「班底」，通常指涉作家們的結社叢聚，他們的出現往往反映在改朝換代或其他重大事件之後，並可能以群體的書寫共識改變文學史的一頁。根據這些「世代」、「班底」概念值得注意的是，就得獎者、投稿者以及評審的組成，照理應是相當機動性的組合；本研究期許透由「量化分析」及「深度訪談法」的方法研究，探詢是否有所謂評審結構的班底？又或，得獎者在某些年齡有集聚的現象？

是故，本文運用量化分析，從 2005 至 2013 年的研究範圍裡，分析得獎詩人本身的年齡、性別、學歷、籍貫、是否曾參與詩社及重複得獎等的外圍資料，對作者本身作實證資料的分析，也結合得獎作品的主題、行數、年代等面向以及不同報紙、不同評審委員組合，重現 2005 年到 2013 年這近十年的三大報新詩獎版圖。

如果我們把文學獎活動看作是一個文學場，透過布爾迪厄的場域理論，我們可以用三種層次去看文學獎：首先，「文學場看作是一個力量場，也是一個爭鬥場」[15]，順著這樣的

---

13 埃斯卡皮，頁 41-46。
14 埃斯卡皮，頁 41-43。
15 布爾迪厄（Pieere Bourdieu）著，包亞明譯，《文化資本與社會煉金術 ── 布爾迪厄訪談錄》（上海：人民出版社，1997），頁 83。

思維，分析文學場的位置以及時間進展，藉著「場」的概念，來透析寫作者、評審、主辦單位（媒體）的角力拉鋸，並關注其藉不同的方式去拉攏對他們可能發生作用的「場」；其二，分析文學場的內部結構，我們會發現文學場內有著被不斷結構中的結構，遵循著某個規律的「習癖」（habitus），例如過往所必須遵循的某種結構不見了，但大家已經習慣那些規範，於是便繼續承繼之前的規則，即便是在 2005 年「林榮三文學獎」新竄出的文學獎，也在彷彿遵循著那樣的規則，而每一個行動者都會在這裡的場域獲得某些權力，在合法的競爭下，他們（得獎者、評審）所佔有的地位，便取決在他們所擁有的特殊資本[16]；其三，我們可以在這樣支配權力的系統與連結，從每年可以有數據佐證的投稿數量，去窺探「這些系統是文學場內部的社會軌跡和位置的產物」[17]，誰去定義得獎作品，而又是誰來負責維護與決定，對於現代社會有著什麼樣的影響外，並如何被訴諸經典化，成為詩選的作品。這裡可以運用布爾迪厄的「場域理論」，從權力的關係與分配上可見其端倪。

　　綜合上述，布爾迪厄的場域理論用來探討主辦的報業及其評審的角色結構及權力分配，佐以埃斯卡皮的社會學觀點。另，可就這兩分面再歸納如下：

　　正典（canon），又稱作典律，概念源於希臘字 kanon，原指的是「丈量」的意思，後來這個字衍生成為標準；而所

---

16 同上註。
17 布爾迪厄（Pieere Bourdieu）著，劉暉譯，《藝術的法則 —— 文學場的生成和結構》（北京：中央編譯出版社，2001），頁 262。

謂正典，是經過專家學者等權威人士認可，或歷經時間考驗
仍存留下來的典籍或作品，然而這些被稱作正典的作品，將
來被選爲名著，選入文選集（anthology），或被學院選定爲
教科書[18]。評論家孟樊指出，臺灣解嚴以後，1980、1990 年
代的詩壇最明顯的特色，正好與當時多元化的社會相對應，
多種次文類一一出現於詩壇，真可謂百家爭鳴、眾聲喧嘩[19]。
文學獎的典律化（canonization），就必須通過評審把關，得
到部分評審的肯定與喜好，因此，詩人從文學獎「得獎」以
後，就可能造就或提高他在文學場上的地位。本研究經由文
獻分析法（document analysis），從詩作的內容與美學去討論，
從得獎詩作本身切入研究。

　　此外，有關三大報新詩獎的運作原則，本研究以「深度
訪談法」（depth interview），訪談歷年舉辦文學獎的評審，
以口述史的方式試圖重建舉辦文獎的流程，並且深入了解從
篩選作品到決定名次的評審過程，包括從來稿篩選的初審、
複審，與最後決定名次的決審會議。

---

18 張錯，《西洋文學術語手冊 —— 文學詮釋舉隅》，第 2 版（臺北：書林，
　 2011），頁 51。
19 孟樊，《當代臺灣新詩理論》（臺北：揚智，1995），頁 284。

第二章　新詩獎的生產機制

　　在台灣，現今所指「三大報文學獎」是用來總括「時報文學獎」、「聯合報文學獎」、及始於 2005 年由《自由時報》所執行而成立的「林榮三文學獎」三大報文學獎。爰此以降，每年「三大報文學獎」彷彿養成投稿者的「習癖」，在固定時間所公布的徵稿條件以後，各報不啻能有獲收頗豐的來稿量，而且每年在徵稿項目也尚有分庭抗禮的味道，除了「新詩」、「短篇小說」、「散文」固有文類的徵求以外，也徵選其他的文類，以 2013 年的三大報文學獎為例——「林榮三文學獎」徵選十篇千字以內的「小品文」；「聯合報文學獎」徵選八名不得超於一千二百字的「極短篇」；「時報文學獎」則是徵稿一千字以內，書寫台灣山水的「小品文組」或寫信給文學作家的「書簡組」。

　　本章從新詩獎的「輸入」（input）作為主題，在第一節「設獎理念與規章」，概述三大報新詩獎的成立，從探究報業副刊在歷史洪流中所象徵的意義，到設獎的理念及規章。在 1991 年起，「聯合報文學獎」以附設的方式徵求新詩獎，作品要求要有 50 行中長型的行數，而「時報文學獎」則是徵求「敘事詩文學獎」，需有長篇 100 行以上的規模，爾後在「聯合報文學獎」新詩組在 1994 年宣布縮短為 40 行以後，

翌年，「時報文學獎」也接著改爲徵求 40 行的稿件。而在《自由時報》加入了林榮三文學獎後，兩大報詩獎又有什麼樣的轉變或承繼？

　　於第二節，「評審流程與組織」部分，窺見評審們是如何扮演著決定新詩獎參賽作品獲獎的文學詮釋社群。評審的組合往往可說是權力的分配，三大報的評審結構皆爲隨機的組合，評審立場每年當然因此有所不同；但在這樣的巧合下，能否推斷出什麼樣的巧合與現象？本文冀以新詩獎的會議記錄及與評審的訪談裡，了解從初審、複審的篩選，到決審決定名次的流程。

第一節　設獎理念與規章

　　文學透由有形的媒介運作，尤其報刊的文學傳播與「意識型態」密不可分。例如副刊、雜誌的刊載、或作者個別的創作等方式，都會形成具有意識型態的產品，對照現今文壇「眾聲喧嘩」，強調多元及鼓勵異質的情狀來看，人們找到彼此能夠溝通的「共同性」（commoness），讓閱聽眾能夠理解或者感動；但其訊息在傳播之進程卻不一定是掌握到本質，而是彷彿在語言遊戲中找到「家族相似性」（family resmblance）的緣故，召喚著讀者在不同年代的集體記憶，重新連結起它的意義[1]。威廉斯（Raymond Williams）跳脫出

---

1 羅綱、劉向愚主編，雷蒙・威廉斯（Raymond Williams）著，〈文化分析〉，《文化研究讀本》（北京：中國社會科學出版社，2000 年 9 月），頁 125-126。

純就文本（text）來進行研究的途徑，而是總括整個文化脈絡、歷史語境（Historical context），以「感覺結構」（structure of felling）的共鳴，修正過去馬克思歷史唯物主義彷如機械式的上層建築模型。在威廉斯的想法裡，「文化，是具有結構的」[2]，對於每一個時代或社會裡，「為了某些目的的行動，串聯成特定的思想及生活方式」[3]，為此，「就某種意義來說，感覺結構就是一個時代的文化，也是整體組織共同溯向共同生活出來的結果。」[4]

　　哈伯瑪斯（Jürgen Habermas）的「傳播行動理論」前承著馬庫斯（Herbert Marcuse）啟迪大眾傳播更多元的發現，以馬克斯主義作為基礎而架構的「異化」（alienation）理論[5]，哈伯瑪斯將這種意識型態的傳播媒介運作，把「有系統扭曲的意識」轉為「無意識的自我欺騙」來看[6]，透過假性傳播（pseudo-communication）在傳播過程中用具有操作式的以及無意識的欺騙，創造出一個相互誤解的體系，而形成了假共識（pseudo-consensus）。隨著文學消費機制的加速，印刷資本主義的繁榮與國語共通語的形成，哈伯瑪斯（J. Habermas）所謂如希臘廣場的「公眾與公共圈」性質逐漸體現在數大副

2 同上註。
3 Bennet. Tony, "Theories of Media, Theories of society" in Michael Gurevitch ed, *Culture, Society and the Media* （London: Methuen, 1982），pp.30-35.
4 Ibid.
5 「其一，作為虛幻的意識，意識型態是被統治階級內化了的意識 —— 其中，表現了被統治者的自我壓抑，也表現了被統治者對自己的欺騙；第二，作為「錯誤」的意識，意識型態是被統治階級的精神形象，是一種「生產」性的意識，它與統治者內在的意識相反，是有意識地試圖進行社會控制的效果。」高宣揚著，《哈伯瑪斯論》（台北：遠流，1991），頁263。
6 黃瑞祺，《批判理論與現代社會》（台北：巨流，1990年），頁235-237。

刊中，「文人圈」的意義鏈結，也得受到讀者（大眾圈）的
牽制。例如在副刊的版面中，透由可以去討論、決策，或是
藉由出版媒介和大眾社會的對話產生「搓商」（engotiaion）。
因此，擔任「守門人」的副刊主編便還要同時扮演媒介管道
上訊息的選擇與傳達的守門人。文化研究學者霍爾（Hall）
強調，「意識型態不是單一意見的運作，而是透過論述鏈
（discursive chain）串連，以及語意的場域所形成的論述。」[7]

爬梳副刊自華文報業長久的歷史發展，早在日據時期，
曾任副刊主編的黃得時在他的回憶錄中，便談到數大報報紙
擁有類副刊性質的「學藝欄」，只是由於日文翻譯的緣故，
當時並非稱作「副刊」[8]。另外，在中國五四時期，北京《晨
報》的「副鐫」、上海《時事新報》的「學燈」、上海《民
國日報》的「覺悟」、以及《京報》副刊，也有「附張」讓
文藝類作品有固定的發表版面與刊期呈現在讀者面前。後來
在台灣一九七〇年代末的報業發展，「副刊」從「早期的『附
張』、『報餘』或『報屁股』地位，已成為報業經營中一個
別於新聞，卻又展現出文學／文化傳播特質的版面。」[9]由此
廣義來看，「副刊」就是和「正刊」相對，並且通常是附屬
於報紙裡頭的最後一版；以狹義而論，「副刊」指的即為「文

7　Stuart Hall, "Signification, Representation ,Ideology: Althusser and the Post-Structuralist Debates", *Critical Studies Mass Communication*（V.2 No.2, June 1985），pp.104.

8　黃得時，〈日據時期臺灣的報紙副刊 —— 一個主編者的回憶錄〉，《文訊》（1985年第24期），頁58-59。

9　林淇瀁，《文學傳播與社會變遷之關聯性研究 —— 以七〇年代臺灣報紙副刊的媒介運作為例》（中國文化大學新聞學系碩士論文，1993年12月），頁210。

學」、「文化」的園地。

　　但副刊主編的身分伴隨著臺灣政治的流變，隨著不同的時代而有著複雜的角色與定義。在 1950 年代「文藝清潔」的時代，黨政府曾以「副刊」作爲思想檢查的工具，副刊主編同時兼任「文壇警察」的身分[10]。阿圖色（Louis Althusser）挪用佛洛伊德（Sigmund Freud）的潛意識理論，認爲「意識型態是永恆的」[11]，會透過語言等表意活動，將意識形態表現出來。阿圖色將國家機器的實施分作「鎮壓性國家機器」（Repressive State Apparatus）及「意識型態國家機器」（Ideological State Apparatuses）；前者透過軍隊武力、法律等有形的鎮壓方式來產生作用，後者則是以教育、宗教、或傳播等某些組織化的思想體系來影響接受者。阿圖色認爲，意識型態國家機器不只是階級鬥爭的賭注（stake），而且是階級鬥爭所發生的場所（site）。如此一來在論戰中，意識型態國家機器就可以作爲壓制／反壓制中拉扯、操弄。一旦意識形態可在論爭中化爲兩股相對的勢力之後，傳播者、傳播管道、以致接受者也會被拉扯兩極化；然而，此時期的台灣報紙副刊則頗具意識型態國家機器的角色。

　　直到高信疆、瘂弦主編兩大報副刊的時期，林淇瀁在論文中將兩大報背後的龐大資源和影響力分作兩種類型：以高信疆執掌的「人間副刊」，代表的是「文化副刊」，瘂弦主

10 應鳳凰，〈閱讀林海音：林先生的編輯、寫作生涯與台灣文壇〉，《國立成功大學圖書館館刊》，第 11 期（2003 年 4 月），頁 89。
11 阿圖色（Louis Althusser）著，陳越編譯，《哲學與政治：阿爾圖塞讀本》（吉林：吉林人民出版社，2003），頁 122。

編的「聯合副刊」，則是堅守副刊文學傳統的「文藝副刊」[12]。
前者的「人間副刊」以多元的自由主義，藉由鼓勵的方式，
透過多項突破性及實驗性質的內容，不僅大幅肯定現實主
義，開闢「海外專欄」，尤以 1972 年的 2 月與 9 月，關傑明
先後發表的〈中國現代詩的困境〉及〈中國現代詩的幻境〉，
直批當時台灣的現代詩過度模仿西方；唐文標化名史君美接
著響應關傑明的主張，引發 1970 年代著名的「現代詩論戰」，
正式將新詩爭辯從語言技巧的層次，觸及到詩的意識型態問
題。另外，《聯合報》為了與高信疆所在的《中國時報》抗
衡，邀請曾任《幼獅文藝》的主編瘂弦擔任「聯合副刊」的
主編[13]。從鄉土文學論戰以後，瘂弦帶來一股穩定的力量，
制衡甫由《中國時報》的「唐文標、關傑明事件」所帶來的
批判性。在與楊錦郁編輯的訪談裡，我們可發現，副刊組主
編（或主任）負責體察文壇風向及策動主題的重要性：「副
刊有主任，主任也就是所謂的「掌舵手」，需去判別編輯走
向及讀者口味的，我們當編輯的位置是屬於搖槳的人。像是
專題，多是由主任在策畫，而我們就是較屬於執行面的人。[14]」
或許有人會認為「報紙」為何需要副刊這樣的園地？不如像
中央社、新華社這般的通信社直接派遣記者蒐羅新聞內容即

12 林淇瀁，《文學傳播與社會變遷之關聯性研究 —— 以七〇年代臺灣報紙
　副刊的媒介運作為例》，頁 210。
13 《聯合報》創辦人王惕吾看重瘂弦敦厚的文人個性，並且在文壇也累積
　廣博的人脈，不僅能延續《幼獅文藝》的精神，後來挖掘如小野、朱天
　心、朱天文、吳念真等知名作家，也作為和其他副刊相互對話的角色，
　甚至可說是間接推動「五小」出版社的關鍵人物。
14 楊錦郁，由作者訪談，當面訪談，台北，2012 年 12 月 30 日。參見附錄
　四。

可。在研究文學傳播的同時，許多人面對這個課題，往往忽略了「文學」本身的自發性。

　　但副刊的重要，正是它除了提供讀者在新聞資訊的寶貴價值以外，亦為華文報業帶來「以傳播硬體生產的軟體形式出現之文化的商品化」[15]，簡要來說，林燿德過去便有這樣的遠見，「副刊在臺灣形成獨特的傳播整合型態，他們所整合的對象是個別作家、文壇，和不確定的實際讀者群，副刊編務執行者納編在報業行政系統之中，既是傳播者的一部分，也是文壇的一部分，成為雙重身分的組織化個人。」[16]就文學而言，「副刊」成為培養新銳作家的搖籃，編者與作家也逐步產生「文人互動」的依存關係。「一切的文學運動、創作潮流、學派與文藝團體的宣示乃至文學批評的消長遞嬗，它們所競爭的正是在某一特定時空創造歷史語境的權力，相對地獨立於『被決定者』的命運之外，也相對地被不斷繼起的讀者（特別是不斷改寫文學史的『當代』文學史撰述者）所重新定義。」[17]

　　我們可先參照下表，以 2013 年三大報新詩獎的辦法為例，來觀察它們彼此的殊異及相同之處：

---

15 Denis McQuail, *Mass Communication Theory: An Introduction* （London: Sage, 1994），p 96.
16 林燿德，〈《聯副》四十年〉，收入於楊宗翰編，《新世代星空 —— 林燿德佚文選 01》（台北，天行社，2001）。
17 林燿德，《當代台灣文學評論大系・文學現象卷》（台北：正中，1993），25 頁。

表 2-1　2013 年三大報新詩獎規則

獎　別	第 35 屆聯合報新詩獎	第 36 屆時報新詩獎	第 9 屆林榮三新詩獎
宗　旨	鼓舞全世界華文作家，創作有影響力的好作品。	發掘優秀作品，促進台灣文藝。	鼓勵以文學表現生命力的作者，激勵台灣文學創作。
格式限制	行數：40 行內。總字數：600 字內。	行數：50-70 行。	行數：50 行內。
身分限定	海內、外人士均可參加，唯須以中文寫作。	凡海內外各地區華人均可參加，從本屆推算起前五屆時報文學獎之各組首獎得主，不得參加該得獎獎項的比賽。	具中華民國國籍者皆可參加。
獎金金額與名額	大獎一名，獎金十二萬元，評審獎二名，獎金各五萬元，得獎者皆有獎座。	首獎一名，獎金十萬元；評審獎二名，獎金各五萬元。得獎者皆有獎座。	首獎一名，獎金十五萬元；二獎一名，獎金八萬元；三獎一名，獎金五萬元；佳作二名，獎金各二萬元，得獎者皆有獎座。
截稿期限	102.7.3	102.7.31	102.8.12

　　行之有年的三大報新詩獎，過去每年都以「聯合報新詩獎」最先舉辦、「時報新詩獎」次之，再來則為最年輕的「林榮三新詩獎」。宗旨大多是鼓勵民眾創作，也由於林榮三創辦人的理念，目前「林榮三新詩獎」的徵稿對象是以「具中華民國國籍者」為主，以保障本土作者投稿、徵獎的機會，排除的除了中國大陸的作家以外，其實也摒除馬華身分、或是國籍遷居海外的華文作家。聯合報新詩獎與時報新詩獎皆接受海外的來稿，但兩者不同的是，「時報新詩獎」是要有

「華人」的身分，而「聯合報新詩獎」則重點是擺在「以中文創作」即可。

再看格式上的限制，大多是以徵稿中短詩為主，而「聯合報新詩獎」更多了字數的規定，是否也會影響得獎詩作的「詩型」？在第三章討論得獎作品的篇幅，也會有相關探討。不過可以發現的是，投稿限制的字數、行數越少，也越能吸引來自四面八方的投稿者。

在得獎的名額與金額部分，聯合報新詩獎與時報新詩獎皆以錄取前三名得獎者為主，唯「林榮三新詩獎」自第二屆以後，增加「佳作」的獎項，鼓勵更多的創作者來稿，也因此「林榮三新詩獎」的揭曉方式，是以「兩階段」來揭曉名次，在第一階段先公布得獎名單，但不告知名次，等到第二階段才有名次的揭曉，這也是與其他二報比較不同的方式。在金額的部分，林榮三新詩獎的獎金最高，聯合報新詩獎居次，最後則是時報新詩獎，但不論獎金孰高孰低，都是較大多數新詩獎的獎金更高，經濟方面與象徵性皆遠遠高於大多數的新詩獎。

雖然文學的力量未曾遞減，只是以不同的方式、在另一個時空或領域等待共鳴。如此，即便創作者並無成為經典詩人的企求，但當一首詩已然成形並發表，就成就詩史的一部份。

第二節　評審流程與組織

在新詩獎評審的權力運作之下，本研究將新詩獎分作「外

緣」與「內緣」的結構，「外緣」指的報刊徵獎詩作所制定的格式、及投稿者身分的規範；「內緣」則是評審對於審核詩作的標準及理念。

　　或許有人會問，為何光憑幾位評審，就能定論一年新詩獎的結果？「評審」作為文學獎的審核者，具備如「守門人」的特性，其權力的運作可經由在閱讀及評選完當年所投稿的詩作以後，將心目中優秀的作品揀選出來，並予以肯定。評審的評選奠定選詩的典律，得獎作品經過一個完整階段的濡化，象徵某類型對於詩作的價值肯定，而這樣的「詩觀」也可能引領某些詩潮。

　　或許有這樣一種說法，每年的大獎可能是每位評審心目中的第二乃至第三名，犯錯的少，獲大獎的機率就高；甚至有些在第一輪投票獲得最高票的作品，也不見得就是最後的得獎保證？三大報新詩獎的得獎作品不僅和當年評審口味及社會情境息息相關，倘當年的獲獎作品也取得廣大讀者的共鳴，即象徵評審與讀者間的詩觀疊合；但也有些獲得新詩獎桂冠的詩作不受讀者所信服，後續也會引發一連串的討論，更甚至在同年不同單位所舉辦的三大報新詩獎，在得獎作品及評審的意見裡，我們可能會看到彼此的呼應與對話。

　　另外，也有在時空環境改變以後，作者自塑的語言逐漸能為讀者所接受，使得藝術性重新獲得重視，再加上被選入年度詩選，經過「經典再塑」的進程，「象徵資本」的再次翻轉，重新獲得社會大眾所接受，進入大眾閱讀市場。

　　目前三大報新詩獎都是依循著相似的流程，由「初審」、「複審」，及「決審」三個階段所組成。我們通常可以透由

「決審」的會議紀錄，看到較具透明化的評審現場，以及評審爲其編選的原因而現身說法。大多的評選多採用三輪篩選，「初審」剔除質量較差的作品，篩選出風格雜糅、樣本較大、包容性較強的作品，供複審評委選出相當於影展的「提名名單」，最終透過在詩界具有代表性的人物擔任決審委員來評審出最後的結果。

　　一份得獎名單的揭曉，大部分都會先去看是什麼樣的得獎作品獲獎？得獎者是誰？然後再透由決審會議記錄的公布，去看是哪些「決審」評委所選出的作品。一般而言，我們也因此形成「由那些決審評委所選出的得獎作品」之印象；但是，三大報新詩獎「三階段」由不同評審所組成的繁複的評審過程中，除了決審擁有「決定性」的權力，而他們所評選的詩作，正是從上百份、甚至上千份的稿件中，經過「初、複審」的淘汰篩選後，所留下來的十餘篇稿件，再來決定勝負。

一、初審與複審

　　雖然在得獎作品之外，讀者無法得知其他入圍詩作的內容，但我們卻可以從決審會議的記錄內，藉由評審就詩作的「形式」及「美學觀」的意見，來窺見詩作大致的範疇及主題。在透過本研究的探查以後，發現其實「初、複審」才是真正掌握關鍵的決定，於此，筆者將藉由評審流程及評審組織來說明。

　　初審通常是由報社副刊編輯擔任召集人，例如「聯合報新詩獎」與「林榮三新詩獎」近年就是讓具有詩人身分的林

德俊及孫梓評擔綱召集者。然後先從來稿作品刪去不符合辦法的作品、接著再讓初選的評審篩選出較為優異的作品；以林榮三文學獎為例，首先，先將眾多的稿件中分成三組，每組各有兩位初審委員進行評選。舉例來說，假設投稿有一千兩百篇的作品，先根據數量分作三組，分別為 A、B、C 三組，每組作品各約四百篇，A 組由委員ㄅ、委員ㄆ所組成；B 組則是委員ㄇ、委員ㄈ負責，C 組則為委員ㄉ、委員ㄊ；在規定日期以前，初審委員ㄅ要先自行選出 A 組作品裡面，約 20 篇較佳的作品。擇日報社會再集合所有的評審分組討論，例如 A 組，讓評審ㄅ與拿到同組稿件的評審ㄆ相互討論，再從彼此不同的候選名單內，取得共識，共同篩選出約 20 篇的詩作，之後 A 組被篩選出的作品再與另外 B、C 兩組所篩選出的作品，共同進入複審[18]。

　　而複審則是針對初審大量淘汰後所留下的作品，再次經過評審各自的圈選與意見交換以後，擇選出共約十餘篇的作品進入決審階段，讓決審委員去定奪最後的勝負。當然，不論什麼階段的評選委員，報社編輯會盡可能的讓評審委員名單，符合多面向的條件、如身分（詩人／學者）、省籍、性別、甚至年齡與詩觀的不同，並以機動的組合構成。如表 2-2、表 2-3，分別為 1995 年至 2013 年三大報新詩獎的初、複審委員名單：

---

18 楊宗翰，由作者訪談，台北，2013 年 10 月 31 日。參見附錄五。

表 2-2 三大報新詩獎初審委員名單（2005-2013 年）

年份	聯合報新詩獎	時報新詩獎	林榮三新詩獎
2005	陳義芝、王開平	唐捐、林沈默、羊子喬、陳大為、陳斐雯、劉克襄	羅任玲、鯨向海、顏艾琳、楊宗翰、陳大為、沈花末
2006	陳義芝、顏艾琳、李進文、林德俊[19]	陳斐雯、林沈默、劉克襄、陳大為	鯨向海、羅任玲、鴻鴻、林婉瑜、陳大為、曾琮琇
2007	陳義芝、羅任玲、林德俊、林婉瑜[20]	林沈默、陳斐雯、孫梓評、劉克襄	[21]
2008	王開平、林德俊	林沈默、陳斐雯、陳大為、孫梓評、方群、楊佳嫻	李癸雲、林婉瑜、凌性傑、孫維民、陳思嫻、曾琮琇
2009	王開平、林德俊	楊佳嫻、文珮、田臧寧、劉梓潔、丁名慶、胡金倫	鯨向海、楊佳嫻、林德俊、陳思嫻、林婉瑜、吳岱穎
2010	林德俊、王開平	林沈默、房慧真、鴻鴻、林婉瑜	楊宗翰、林婉瑜、鯨向海、羅任玲、陳思嫻、林德俊
2011	林德俊、王開平	林沈默、謝昭華、林婉瑜、田運良	鯨向海、曾琮琇、林婉瑜、孫梓評、楊佳嫻、林德俊
2012	王開平、林德俊	林沈默、林婉瑜、鯨向海	王丹、林德俊、林婉瑜、陳思嫻、楊宗翰、楊佳嫻
2013	凌性傑、楊佳嫻、孫梓評、解昆樺、林德俊、王開平[22]	初安民、陳育虹、羅智成	林德俊、林婉瑜、陳思嫻、孫梓評、楊宗翰、楊佳嫻

---

19 2006、2007、2013 年的「聯合報新詩獎」，僅稱表列的評審為「初、複審委員名單」，未有進一步分別的初、複審委員名單。

20 同上註。

21 在會議記錄的內容中，僅說明所篩選出決審詩作的評審陣容為表列名單，未多加說明初、複審的評審分別有誰。

22 同上註。

表 2-3　三大報新詩獎複審名單（2005-2013 年）

年份	聯合報新詩獎	時報新詩獎	林榮三新詩獎
2005	唐捐、羅任玲、李進文	初安民、蕭蕭、胡錦媛、白靈、陳幸蕙	朵思、陳克華、陳黎、零雨、蘇紹連
2006	陳義芝、顏艾琳、李進文、林德俊[23]	初安民、楊佳嫻、唐捐、鴻鴻	白靈、顏艾琳、沈花末、須文蔚、李進文
2007	陳義芝、羅任玲、林德俊、林婉瑜[24]	曾淑美、顏艾琳、唐捐、鴻鴻	
2008	李進文、陳大爲	曾淑美、顏艾琳、唐捐、初安民	李進文、顏艾琳、蘇紹連
2009	李進文、楊佳嫻、鄭順聰、嚴忠政	顏艾琳、初安民、陳黎、鴻鴻	陳大爲、李進文、顏艾琳
2010	羅任玲、陳大爲、徐國能、林婉瑜	初安民、楊澤、陳育虹、路寒袖	顏艾琳、孫維民、李進文
2011	羅任玲、陳大爲、楊佳嫻、楊宗翰	楊澤、初安民、楊佳嫻	李進文、鴻鴻、陳大爲
2012	李進文、嚴忠政、顏艾琳、徐國能	石計生、路寒袖、顏艾琳	唐捐、顏艾琳、鯨向海
2013	凌性傑、楊佳嫻、孫梓評、解昆樺、林德俊、王開平[25]	奎澤石頭、田運良、顏艾琳	孫維民、羅任玲、鯨向海

　　在表格裡，似乎能隱隱看出三大報新詩獎的評審與副刊編輯是誰息息相關，而彷彿形成一種「班底」的關係。以「聯合報新詩獎」爲例，在 2005-2007 年，時任副刊組主任的陳義芝擔任新詩獎初、複審的評審；到 2006 年迄今，則是《聯合報》副刊編輯林德俊負責新詩獎的初、複審工作，並於 2008 至 2012 年，與另一位《聯合報》副刊編輯王開平共同擔任初

23　同上註。
24　同上註。
25　同上註。

審工作，在 2009 年，一改前一年「李進文、陳大為」的兩人評審組合，回到四人的評審組合，當年便由詩獎李進文、嚴忠政、楊佳嫻、鄭順聰擔綱複審評審；巧合的是，以 2009 年「聯合報新詩獎」為例，得獎的作品主題與形式，也與過去大相逕庭，例如過去我們經常在決審會議中所看到用來致敬、悼亡某位外國偉人、或者使用外語入詩，以及書寫戰爭殘忍所入圍決審的詩作，在這一年的比例大幅降低，以內在的生命醒悟及抒懷之作品，取代那些具有歧異性的敘事長句。

無獨有偶，2009 年的編輯室作了調整，「時報新詩獎」也推出與過去大相逕庭的初審委員名單，除了楊佳嫻以外，文珮、田臧寧、劉梓潔、丁名慶、胡金倫，也都是過去未曾出現在新詩獎的評審名單內，竟而在當年的得獎名單，也導致許多「生面孔」出現在得獎名單上。

隨著不同的副刊編輯負責執行三大報文學獎，也能看到評審的組合也有顯著的差異。順著時間的推移，自 2009 年的初、複審評審構成的變動開始，近年多次擔任「聯合報新詩獎」的決審委員白靈表示，「前幾年的文學獎比賽，濃稠、繁複、字詞艱澀的詩很多，而這一兩年，這樣的現象較為平緩。」[26]而首次擔任三大報新詩組決審的蕭蕭則是提及，「這一次入圍的作品，大多是較為真誠、內在的聲音，直接發而為詩，從這個角度來看，未嘗不是可喜的現象。因為這是真的把文學、詩，回到最根本的初衷，是一種真誠、內在的聲

26　參照〈第 35 屆聯合報文學獎新詩獎決審會議紀要〉，《聯副文學遊藝場》，閱覽網址：http://blog.udn.com/lianfuplay/8542490，閱覽日期：2013 年 12 月 25 日。

音表達。」[27]

　　從上文可知，近年的幾位決審評委皆樂見現今新詩的語言，走回直白誠摯的抒情，非繁綴地鋪排詩句。由於原則上每年決審委員的組合，都是採用機動而不固定的辦法，於是，本研究反推回「初、複審」的階段，可以發現確有「固定班底」的情況，也會產生幾位評委所交集的「綜合性美學觀」，但也可能隨著詩獎執行者的替換而更換班底，隨著「綜合性美學觀」的殊異，也都會產生不同類型的詩作給決審委員去做「決定成果」的評選。

　　然而，就新詩講的評審工作來說，其中最重要的就是作為新詩獎的評審責任，擔任多次三大報新詩獎的初審委員楊宗翰，認為最重要的就是「不要耽誤天才的露臉」[28]，「盡量用客觀的角度，即使面臨被挑戰的文類或是遇到破框的作品，更需要幫好作品去背書。」[29]以下他的一席話也可以充分說明作為一位首要把關者的職責及對於新詩獎的貢獻：

> 　　得到文學獎是一件榮耀的、是喜悅的事情，一投稿就
> 要有抱著失敗的心理準備。而且國內文學獎是非常公
> 開、公正的，這樣的文學獎會讓很多好的作家探出頭
> 來。以我自己的初審經驗為例，雖然「初審」不如「決
> 審」會有記錄，以及那麼多人去關注到。但是絕不能

---

27 楊宗翰，由作者訪談，當面訪談，台北，2013年12月25日，參見附錄
　　五。
28 同上註。
29 同上註。

因為影響力或酬勞不如複、決審而有所差別。我們一
致的目標，都是想要得到好的作品。[30]

不同決審委員的組合，不只改變一首詩作得獎的命運，
也可能創造出一股潮流，讓後續的寫作者相互仿效，但評審
組合不斷的更迭，象徵在評審間「共同美學」的流動，便不
致於讓一個「得獎作品模型」固定存在於詩壇。但好的作品
不應受此限制，回到新詩獎的宗旨與動機，獎的魅力應讓新
進創作者以此努力，祈能脫穎而出，但也讓人「鋌而走險」，
挑戰大眾觀感；它同時是樹立創作典範的一個標竿，但並非
是唯一必經的詩人旅途。

二、決　審

在評審場域中，「透過無休止的鬥爭和較量而轉化、增
強或倒退著的過程；權力是這些力量關係相互之間的依靠，
他們結成一個鎖鍊或體系」[31]。經由初、複審的篩選之後，
從上百篇、甚至近千篇的詩作中，選出評審心目中藝術價值
與品質較高的作品，即進入到最後的決審階段。一般而言，
目前我們所見到的三大報文學獎評審機制中，決審階段大多
是由具有權威性的評審委員定裁最後的勝負，這些委員在詩
壇中極負盛名的詩人作家、理論家。

新詩獎，不只是一個創作者的「文學競技場」，也是集

---

30 同上註。
31 傅柯著，謝石、沈力譯，《性史》（台北：結構群，1990），頁83。

聚權力的場域。在此，筆者先行整理出 2005-2013 年「三大報新詩獎」的決審委員名單：

表 2-4　三大報新詩獎決審委員名單（2005-2013 年）

年份	聯合報新詩獎	時報新詩獎	林榮三新詩獎
2005	張錯、席慕蓉、陳黎	楊牧、陳芳明、陳家帶、席慕蓉、向陽	余光中、鄭愁予、李魁賢、楊牧、向陽
2006	路寒袖、鄭炯明、鄭愁予	吳晟、張香華、翁文嫻、陳黎	商禽、鄭愁予、尹玲、焦桐、李敏勇
2007	向陽、南方朔、陳育虹	余光中、初安民、陳育虹、蔡淑玲	李魁賢、曾珍珍、陳黎、向陽、羅智成
2008	李敏勇、陳黎、羅智成	吳晟、張香華、陳芳明、王浩威	李敏勇、白靈、羅智成、翁文嫻、焦桐
2009	南方朔、陳育虹、路寒袖	向陽、席慕蓉、陳育虹、楊照	尹玲、白靈、向陽、楊牧、鄭愁予
2010	白靈、向陽、席慕蓉	南方朔、席慕蓉、陳義芝、蔡淑玲	尹玲、李瑞騰、陳義芝、陳黎、楊牧
2011	洪淑苓、陳義芝、羅智成	翁文嫻、焦桐、陳育虹、羅智成	尹玲、李魁賢、陳育虹、陳黎、焦桐
2012	陳芳明、陳育虹、羅智成	吳晟、初安民、陳育虹	吳晟、李進文、陳黎、陳義芝、曾珍珍
2013	白靈、席慕蓉、蕭蕭	初安民、陳育虹、羅智成	陳育虹、焦桐、曾珍珍、路寒袖、楊牧

通常在決審階段，幾位評審未經討論，先進行第一輪的投票，淘汰部分的作品，接著再由評審輪流發表意見或提出他對於詩潮的觀察，之後以「積分制」投票的方式，進行第二輪甚至第三輪的投票。在這過程中，這些由評審所投票而「認證」的作品，亦代表著評審的品味、詩觀，在發表意見的時刻，評審或為詩作「拉票」而詮釋、協商，或為詩作與其他評審辯論。因此，評審的詮釋權往往就會影響到最後的

勝負。有趣的是，由於決審最後是採積分制，評審可依規定及喜好給予不同的分數，以致有時獲得第一名的作品，卻也有可能是每位評審心中的第二名、第三名；無疑的是，倘若在初、複審已淘汰的作品，是不會有這個機會讓決審委員看到的。

在此，本文依據「表 2-4　三大報新詩獎決審名單」整理出如表 2-5，三大報新詩獎決審委員所參與決審評審的次數統計：

表 2-5　決審委員參與三大報新詩獎決審個別評審次數（2005-2013 年）

聯合報新詩獎		時報新詩獎		林榮三新詩獎	
決審委員	次數	決審委員	次數	決審委員	次數
席慕蓉	3	陳育虹	5	尹玲	4
陳育虹	3	初安民	3	焦桐	4
羅智成	3	席慕蓉	3	楊牧	4
路寒袖	2	向陽	2	陳黎	4
向陽	2	吳晟	2	向陽	3
白靈	2	張香華	2	李魁賢	3
南方朔	2	陳芳明	2	曾珍珍	3
陳黎	2	翁文嫻	2	鄭愁予	3
李敏勇	1	蔡淑玲	2	白靈	2
洪淑苓	1	羅智成	2	李敏勇	2
張錯	1	王浩威	1	陳育虹	2
陳芳明	1	余光中	1	陳義芝	2
陳義芝	1	南方朔	1	羅智成	2
鄭炯明	1	焦桐	1	余光中	1
鄭愁予	1	楊牧	1	李進文	1
蕭蕭	1	楊照	1	李瑞騰	1
		陳家帶	1	吳晟	1
		陳黎	1	商禽	1
		陳義芝	1	路寒袖	1
				翁文嫻	1

　　林榮三新詩獎由於向來邀請較多位的決審委員擔綱評審，因此總人次會較其他二報新詩獎爲多，不僅是決審委員重複次數最高，也是評審年齡層最廣的。我們也可以在裡頭發現，三大報新詩獎都是女性評審重複次數最多，探究其因，是三大報新詩獎的決審委員至少都會有一名女性，而且女性詩人也較男性詩人少。接著，再看到三大報新詩獎個別的狀況：「時報新詩獎」的男性評審雖重複性最少，但女性評審卻是重複的次數最高（時報：陳育虹 5、席慕蓉 3、張香華 2、翁文嫻 2、蔡淑玲 2，共 5 名評審重複；林榮三：尹玲 4、曾珍珍 3、陳育虹 2，共 4 名評審重複）。固定邀請三位決審委員的聯合報新詩獎，則是重複的次數及總人數最少的，也是單一決審委員重複次數最低的（聯合報：席慕蓉 3；時報：陳育虹 5；林榮三：尹玲等四人 4）。根據 2005-2013 年的三大報新詩獎的委員名單，表列出「決審委員參與決審統計總次數」及「個別評審的簡歷」如下：

表 2-6 決審委員參與三大報新詩獎決審統計　　　總次數暨個人簡歷（2005-2013 年）

決審委員	次數	出生年	學　　　歷	簡　　　　　歷
陳育虹	10	1952	文藻外語學院畢業	曾旅居國外，現定居台北。曾獲 2004 年度詩獎、中國文藝協會文藝獎章。
向　陽	7	1955	政治大學新聞學博士	自立晚報主編、詩人及學者，現任國北教大台文所副教授，並爲年度詩選編輯委員之一。
陳　黎	7	1954	師大英語系畢業	詩人與散文家，曾獲多項文學獎，創作以詩與散文爲主。

決審委員	次數	出生年	學　　歷	簡　　歷
羅智成	7	1955	美國威斯康辛大學東亞語文碩士	曾任《中國時報》人間副刊編輯、《中時晚報》副刊組主任、副總編輯，及北市府新聞處處長，曾獲時報文學獎、全國優秀青年詩人獎等獎項。
席慕蓉	6	1943	台灣師範大學藝術系、比利時布魯塞爾皇家藝術學院畢業	著有許多經典情詩，創作文類以詩爲主，兼及散文、論述及傳記等。現專職畫家。
焦　桐	5	1956	文化大學藝術研究所碩士	曾任《商工日報》副刊主編、中時副刊副主編，二魚文化創辦人。亦爲年度詩選編輯群之一。
楊　牧	5	1940	美國柏克萊大學比較文學博士	早期曾以葉珊爲筆名。曾任東華大學文學院院長，創作文類以詩、散文爲主，另有論述、翻譯等。是「聯合報新詩獎」的重要推手之一。
鄭愁予	4	1933	台北大學統計系畢業，愛荷華大學藝術碩士	《聯合文學》總編，創作文類以詩、散文爲主。
陳義芝	4	1953	高雄師範大學文學博士	曾任《聯合報》副刊組主任，現爲台灣師大中文系副教授，並爲年度詩選編輯委員之一。
尹　玲	4	1945	臺灣大學中文系博士、法國巴黎第七大學東亞所博士	創作文類有論述、詩和兒童文學。創作、翻譯法國詩及對法國理論的引介也相當受到推崇。
白　靈	4	1951	美國帝文斯理工學院化工碩士學位	曾擔任《草根詩刊》主編，現任臺北科技大學化工系副教授，亦爲《臺灣詩學季刊》社務委員及年度詩選編輯委員之一。
陳芳明	3	1947	台大歷史碩士，美國華盛頓歷史系博	曾參與《龍族詩刊》，著有《台灣新文學史》等書，現

決審委員	次數	出生年	學　　歷	簡　　歷
			士候選人	任政治大學中文系暨台文系教授，早年以詩論聞名。
李敏勇	3	1947	中興大學歷史系畢業	先後曾任《笠》主編、《臺灣文藝》社長、《台灣筆會》會長等，曾獲 2007 國家文藝獎等獎。除了詩創作以外，也翻譯當代著名詩作。
吳　晟	3	1944	屏東農業專科畢業	台灣鄉土作家，創作以新詩為主，散文為輔。以大自然和生活體驗作為創作題材。曾獲優秀青年詩人獎、第一屆中國現代詩獎等獎。
李魁賢	3	1937	台北工專畢業	創作文類以新詩為主，另有小說、散文、評論、翻譯等。曾任臺灣筆會會長、國藝會董事長等。現為《笠》詩刊同仁及《文學臺灣》顧問。
南方朔	3	1944	臺大森林系學、碩士，中國文化大學實業計劃研究所博士班結業	以散文及評論為主，曾任《中國時報》記者、專欄組主任及副總編輯、《新新聞》總主筆、《亞洲週刊》主筆。現專職文化評論及專欄寫作。
余光中	2	1928	台大外文系畢業，美國愛荷華藝術碩士	創作文類包含詩、散文、翻譯、論述等，有多首作品被選入教科書。歷任香港中文大學教授及中山大學文學院院長，於 1953 年和覃子豪等人共創藍星詩社。曾編纂九歌版「中華現代文學大系」。
初安民	3	1957	成功大學中文系畢業	除詩人身分外，也是一位專職的文學編輯人。曾任中學教員、《聯合文學》社長兼總編輯。後又創辦《印刻文學生活誌》，並任總編輯。
路寒袖	3	1958	東吳大學中文系畢業	曾任漢廣詩社社長，高雄文化局局長，副刊總編。

決審委員	次數	出生年	學　歷	簡　歷
曾珍珍	3	1954	美國西雅圖華盛頓大學比較文學博士	東華大學英文所教授，研究領域涵蓋比較文學、生態詩學和女性文學。曾獲《誠品好讀》選為年度最佳翻譯，第 32 屆金鼎獎最佳翻譯人。創作以詩為主，詩作曾入選年度詩選。
翁文嫻	3	1952	法國巴黎第七大學東方語文系博士	現任成功大學中文系副教授，並為《台灣詩學學刊》、《現在詩》詩刊編輯委員。
蔡淑玲	2	1959	美國威斯康辛大學法國語文學博士	曾任中央大學、淡江大學法文系教授、並曾於法國里昂大學擔任客座教授；研究領域有法國文學史、法語會話、欲望論述。
張香華	2	1939	臺灣師範大學國文系畢業，美國加州柏克萊大學高級英語中心結業	曾任《草根》詩刊執行主編、《文星》雜誌詩頁主編。創作文類以詩為主，散文次之，作品被譯為英、德、日、韓、阿拉伯、塞爾維亞、羅馬尼亞等多國文字。
陳家帶	1	1954	台大新聞碩士	創作文類以詩為主。曾獲第二屆時報文學獎敘事詩佳作。並曾任曾任音樂雜誌主筆及《聯合晚報》編輯中心副主任。
楊　照	1	1963	台大歷史系畢業，哈佛大學博士候選人	曾任《明日報》總主筆、《新新聞》總編輯、遠流出版公司編輯部製作總監等。創作文類包括論述、散文、小說，曾獲多項小說獎，未出過詩集。
張　錯	1	1943	政大西語系畢業，美國華盛頓大學博士	曾獲中國時報敘事詩首獎、國家文藝獎新詩獎及中興文藝獎。曾和友人合組「星座」詩社，發行《星座》詩刊，現任美國南加州大學中國及

決審委員	次數	出生年	學　　歷	簡　　歷
				比較文學教授、東亞語文學系教授。
鄭炯明	1	1948	中山醫學院醫學系畢業	詩人兼醫師。曾與葉石濤、曾貴海等人合辦《文學台灣》雜誌，並成立文學台灣基金會。曾獲全國優秀青年詩人獎、《笠》詩創作獎等。
王浩威	1	1960	高雄醫學院醫學系畢業	曾獲吳魯芹散文獎、時報文學新詩甄選獎、大專文學獎等獎項。著述以詩及評論為主，為精神科主治醫師，曾任臺灣筆會副會長。
商　禽	1	1930	美國愛荷華大學國際作家工作坊	台灣十大詩人之一，且曾任《時報週刊》副總編輯，並為《現代詩》、《創世紀》詩刊同仁。
李瑞騰	1	1952	中國文化大學中文博士	曾任《商工日報》副刊主編、《文訊》雜誌總編輯、臺灣詩學季刊社社長、台灣文學館館長，現為中央大學中文系教授。
李進文	1	1965	逢甲大學統計系畢業	曾獲多項新詩獎。現任聯合文學出版社總編輯，曾任《臺灣時報》記者、明日工作室總編輯。
蕭　蕭	1	1947	臺灣師範大學國文系碩士	曾參與龍族詩社創社，籌組《詩人季刊》。現為《臺灣詩學季刊》編輯委員、明道大學中文系教授，亦為年度詩選編輯委員。
洪淑苓	1	1962	臺灣大學中文系博士	現任臺灣大學中文系、臺文所教授。創作文類以詩與散文為主。

　　以世代分佈而論，在這期間擔任評審委員的出生年，多在1950年代，成為最多次的決審委員：陳育虹（10次）、

向陽（7 次）、陳黎（7 次）、羅智成（7 次）；這四人皆於1950 年代出生，向陽、陳黎、羅智成是多項新詩大獎得主，向、羅二人亦曾任副刊主編，得獎、經歷、編輯經歷、或是著書被教科書選入，都相當有影響力，也可看出被邀請擔任決審委員的背景軌跡，大致可以看到幾種組合：知名詩人（或曾榮獲多項具代表性的新詩獎肯定的得主）、學者或知名詩論家、報社或出版編輯，也含括另一種權力的集聚：二魚版台灣年度詩選的編輯委員（向陽、焦桐、白靈、陳義芝、蕭蕭）。

　　詩人得到三大報的新詩獎，不僅是拿到詩壇的入場券，也是文學競技場的勝利者。在文學場上，除了評審與作者，報業媒體、主編、讀者、評論人（觀察者）、甚至社會環境，都有可能影響整個文學獎活動。新詩，本來就是一種特重創新與想像的語言，和文字的演變脫不了關係。本章從機關單位籌辦比賽，討論規章及公布辦法，廣徵稿件及評選，再透過評審團來選出優異的作品，此乃標準型的文學獎架構。

第三章　三大報新詩獎作品分析

　　截至 2013 年，三大報文學獎皆採單篇作品的評選為主；而三大報的新詩獎也不例外，以一首詩作作為評選的對象。本章內容前三節分別探析在 2005 至 2013 年內，「聯合報新詩獎」、「時報新詩獎」、與「林榮三新詩獎」之得獎作品，並根據當年的決審會議記錄及得獎作品，按圖索驥製成表格。在此要特別說明的是，表格內的字數、行數統計，皆是以當時發表的得獎作品為主，而非是作者後來可能有經過修正之後再次發表的版本；另外就是表格內所說明的主題，乃評審當時所發表的意見之要點，在表格之後的評析，才為本研究之探述，也可能與評審意見有所出入。

　　在這一章可以與前章相互對照，是否可能因為評審結構的更迭，如前一章所探究的「評審組織」及「評審流程」所言，導致得獎主題與形式也產生很大的不同？並根據各報新詩獎得獎作品逐年的分析，是否也能找到它們的共相與殊相？另外，過去在評審會議中，許多評審一再指陳說作品流於炫技，內容空泛，然而近年的得獎作品逐漸偏向淺顯明瞭，或許是評審之間有默契地阻擋句子衍長、意象繁複的詩作，變相去鼓勵技巧簡單而意旨明確的作品，而這是否真能成就評審評出的「得獎詩作模型」？底下我們可以試著從得獎作

品中試著找出一些蛛絲馬跡。

第一節　聯合報新詩獎得獎作品

一、2005 年聯合報新詩獎得獎作品

獎項	作者	作品名稱	作品內容[1]	行/字數
大獎	攸步	冬之舞	在冬夜裡，從當下結合回憶的內在生命思考。此詩重視貼近生命，並且容易進入詩的意境的詩。	28/292
評審獎	丁威仁	德布西變奏 —— 致安地斯區難民	從德布西具有神祕朦朧派色彩的變奏曲，隱喻中美洲所遭受的內亂紛爭。	40/569
評審獎	李長青	歡迎來到我們的山眉 —— 兼記南非小說家姆佩	被殖民者遭受歧視與統治者鎮壓下的不平等待遇。	36/571

（一）〈冬之舞〉

在「月光滿室：／雲麟樹影」的冬夜裡，陸續開展的語件逆向操作，從具體切入抽象，虛實交滲的對襯性寓藏著迷惘，撞擊身靈的況味。從首段「我半夜起來小解」開始，帶來魔幻寫實般的驚奇：「穿過浴室的牆壁／一節淡黃色的車廂輕搖、靜謐……」作者的思考與書寫，是靈動而具磁性般

---

1 因涉及評審的審美觀及主觀認知，此為統計得獎作品的主題偏好，表格內的「主題」參照決審委員在決審會議給予詩作的意見為主。

吸引人的；作者將「應急」的生理情況延滯於冬夜時刻裡記憶的甦醒，在「車廂裡」、「年少時代」以及「綠油油的田野」上，形成語境多次元的飛縱，但夢裡的孩子們從「東倒西歪」、「像一隊春哥兒高聲叫鬧」到「驅趕著盤繞不散的看不見的死亡。」以火車的拼裝借喻時間的凹陷與夾擊，對應人生的難題，詩裡的夜間時刻，引起讀者共鳴，將思緒轉進每個人特別的記憶時空。

（二）〈德布西變奏〉

　　解讀這首詩，必須從「德布西的變奏」說起 —— 德布西從德國華格納音樂的信徒，受到印象派畫作的影響，醒悟到法國也必須要有屬於自己的音樂，進而解放和聲的桎梏，結合 1889 年在巴黎參與「世界萬國博覽會」時，東方曲調所帶來的靈感，於是他便創造出那神祕、朦朧的印象派音樂特色2。詩人召喚時空，「德布西的隱喻像流沙」，作者跳脫自我情感經驗的挖掘，把詩的節奏作為和弦，共置「難民的呼救、雷管的爆炸，與政客的荒誕」，接著的變奏產生詩的嘲諷意味。「玩偶」、「坦克」、「畫筆」、「花」，這些應該屬於天真、和諧的音步，丁威仁卻以他方蔓延的戰火帶出殘酷的現實議題，「花」與「畫筆」卻是勾勒鮮血與烽火連天，「玩偶」已經「畸形」，並象徵生命的絕望景況。首段與末段重複呼應的「在市場的缺口，孩子的饑饉才剛成熟」，看似在讀者所觀望的遙遠距離，這首詩是藉著「致安地斯區

---

2 林逸聰，《音樂聖經》（北京：華夏出版社，1999），頁 388。

難民」以敘說中美洲內亂情況及德布西的變奏。

（三）〈歡迎來到我們的山眉〉

　　法農（Frantz Fanon）藉由心理醫師身分，在阿爾及利亞觀察到移民的後遺症，在《黑皮膚，白面具》（*Black Skin, White Masks*）道盡黑人知識份子在法國遭受歧視的境遇，側重於對殖民地「殖民創傷」與「精神異化」的深度描寫。李長青透過敘事化的語言，藉南非小說家姆佩（P. Mope）的作品 *Welcome to Hillbrow*，指涉歧視問題；「山眉」是家鄉 —— 是陌生卻「沉默而瑰麗的家園」；運用作者之眼「我」，觀看歷史，「我曾有靜默的吶喊」；看到族人的文化、種族，都是被殖民者利用一種「定型化」（stereotype）的操作策略，來進行被殖民者的複製。從後殖民理論家霍米巴巴（Homi Bhabha）最先在後殖民論述中所提出的混雜（hybridity）及諧擬（mimicry）理論來看，「歡迎來到山眉，我也許使用英語（或者／是陌生的阿非利康語，安德貝魯語，甚至模糊的豪薩語……）」透由文學的藝術轉化對襯所謂「先進文明」最蒙羞的一面，「翻譯」、「隔離政策」、至「尚未出現關於國籍，這個充滿歧義的／字彙之前」，在揉搓雙邊（自我／他者）各種文化和政治權力的特質，當地的居民活在文化的夾縫與邊緣。時間或許能逐漸縫補撕裂的傷口，但類似的課題卻在歷史中不斷重演，過去有「黑皮膚，白面具」，但也難保存在華人的世界未有「黃皮膚、白面具」？不管是象徵民族大熔爐的美國，甚至區分本省人、外省人的台灣，種族歧視、自我認同的問題，也永遠不會停歇。

二、2006 年聯合報新詩獎得獎作品

獎項	作者	作品名稱	作品內容	行/字數
大獎	陳羿溱	火星文	對網路流行語言的探索。	31/381
評審獎	王怡仁	不能涉足的遠方 ── 雨傘節的自白書	以雨傘節的迷走書寫台灣的地誌。	35/471
評審獎	李長青	六十七號的孩子們 ── 紀念 Lisa Tetzner	納粹對於歷史文化的戕害。	39/532

（一）〈火星文〉

「倉頡之後，代代傳承的民族精神／到了八年級手裡已成爲另一個星系」，作者藉由網路流行對於語言文化的消解，從網路通訊軟體「即時通」以及快速加熱即可食用的「微波食品」，這樣說明性的文字，一方面爲電腦文化加上註解，一方面直指現代國語文能力的日漸退步是其來有自。因爲「人人都是文字學家」，將「火星文」作爲一部嶄新的「符號學」[3]，以詭辯的機智，「文字被當成貼紙，隨意黏貼且固定換季」，「『泥 umu 要 7ㄟ玩』（你有沒有要去玩）」，是一種剖析、一種諷刺，也是一種對於傳統文化的消失，油然而生的喟嘆。

（二）〈不能涉足的遠方 ── 雨傘節的自白書〉

雨傘節，具有黑白環紋相間，多在棲息水邊，並在夜間活動，是台灣六大毒蛇之一。詩首段從雨傘節的突襲錯出爲始：

3 另外，在 2006 年全國大學學測的國文試題中，在大考裡出現「火星文」而備受爭議。火星文，泛指網路語言，指的是有別於在學校裡所學的傳統文字，是一般大眾所看不懂的文字。

「其實只是斑馬的一條有毒的神經／匆忙迷走　軟滑的慾望托著我的脊骨潛行」；次段素描般地勾勒空間的開展，它的足跡卻戛然而止，因爲「狩獵人的／槍聲　轟！獠牙挑破草澤無邊的綠」，近來雨傘節經歷了棲息地被破壞及被人類捕殺而數量驟減，雨傘節以第一人稱的「我」，作爲家園天使（engel des hausses）的想像，「盤臥在白堊紀的火成岩上」，尋找屬於自己的原鄉，隨著「一顆星球」對應凝視的「一千隻澤蛙」及「盤古蟾蜍」，它的「迷走」，詮釋著對於人際與土地關係的來／返，「野薑花」「水韭」、「石間」、「墓穴」，不妨看做是附著的記憶，但隨著如蛇行般的情緒糾結，隨著甜美記憶的崩壞，「我」的世界只盈滿著黑暗。焦桐在當年的《2006年臺灣詩選》裡，將雨傘節隱喻爲「性與死亡」，象徵怯懦和寂寞的愛情[4]。除此之外，筆者將「遠方」共構的想像，認爲那是雨傘節的迷走，亦爲靈魂的行旅，同時也是人們糾結於時間，在時間的推移下，歸程的揚起，終究制約於規範。

（三）〈六十七號的孩子們 ― 紀念 Lisa Tetzner〉

李長青以德國流亡作家 ―― 麗莎‧泰茲納（Lisa Tetzner）的知名小說《六十七號的孩子們》（Die Kinder aus Nr.67）同名爲題，書中時間橫跨二戰前的柏林到戰後，故事從孩子天真的情誼開始，隨德國的經濟日漸惡化，階級衝突加劇，納粹逐漸掌權，有些人被迫流亡，「有人坐船前往，南美洲熒熒幽微的／甲板」；有些人則成爲納粹的一份子，被迫「蒐

---

4 焦桐主編，《2006 臺灣詩選》（台北：二魚，2007），頁 179。

集一些不能發聲的拼音」。到了戰後，昔日的孩子長大成人，卻已是因戰火洗禮而滿目瘡痍，「在戰後，殘映每一座陌生的森林」。回到李長青的同名詩作〈六十七號的孩子們〉，在首段，從「時光」、「彩虹」雙重視焦的諧擬過去美好的短暫時光，接著用補述的括號寫道：「童年的玩伴成為政團的槍套／成為神祕的警察」「國族的寫法／被圈讀為神聖的斷句」，在此若是簡單移動敘事者的視角，隨著視角攀沿於臺灣的白色恐怖記憶－如逮捕異議份子、控制言論思想，而「公寓樓下，是諸神熒熒懺悔的牧場／樓上是蒙太奇，糾雜著語法的翅膀與童話的／月亮」，反觀資本主義的聲色炫麗之後，我們不也在虛無渙散的世界裡進退兩難？〈六十七號的孩子們〉巧妙迂迴地給予暗示：「時代是謎，是一段關於劫掠的暗喻／是一雙詩意驟滅的眼睛」，人類終將喚醒某種深沉的自覺，重新找回人性的溫度。

三、2007 年聯合報新詩獎得獎作品

獎項	作者	作品名稱	作品內容	行/字數
大獎	波戈拉	我是一只耳朵或者更多	人與人的互動藉「聆聽」來表達。	31/267
評審獎	曹尼	同名歸途 ── 載蔣渭水返鄉	以蔣渭水的生平事蹟、雪山隧道的通車相互隱喻。	36/545
評審獎	丁威仁	罌粟的真理 ── 致柬埔寨畫家凡納特（Vann Nath）	以柬埔寨內戰後倖存的畫家作為致敬者及表達者，也對柬埔寨人民的苦難寄予同情。	37/439

（一）〈我是一隻耳朵或者更多〉

　　波戈拉是一位善於佈置「物件」來傳遞情感的詩人。首句以提問起始，「你如何能不記得」，試圖引起讀者的注目，「我是一只耳朵或者更多／我是，眾聲之複寫」從「我是」語氣的游移，隨詩句的推行，暗藏的音節漸放，弗如呢喃低語「你如何能」及「一只耳朵」的音韻複沓，短長句間，乍看是由「耳朵」的「傾聽」寫人際互動，實際也是作者看待世界的態度。「假使你拼讀一個字：『葉』」是全詩承接起內心狀態的抽離，原本是「葉」、「根」的呼吸與纏繞，象徵與現實的綑綁，到「年輪」、「季節」展開情節與敘述的回收。在此，我們讀到巨大的張力，在個人小小世界裡波濤洶湧，敘事者以「耳朵」自喻，卻「無法視見」，是表象的盲目，也是內心的遮蔽。重新回首看思緒的理清，不同的喻依「耳朵」，乃得到不同的喻旨，例如「呼吸」、「雨水」、「鼾聲」，從生活、「內心的敲擊」到「夢境」的飛行；敘事者移動「耳朵」，亦悄悄移動時間，企盼達成內心純淨的世界。然而，本詩是情詩，收攏於「當我恆在你」，記憶不可能湮滅，「與無數個你之間」虛實象間，所有的故事「從聽覺降落」。本詩也可看作是哲學詩，敘事者以一位心懷巨靈卻無法撼動世界的勇者，在時間的推移下儘管曾遭遇「風化」，仍然期待奇蹟降臨。

（二）〈同名歸途 —— 載蔣渭水返鄉〉

　　本詩從蔣渭水的生平事蹟及雪山隧道的通車相互隱喻，

疊合歷史的深度，透過理智節制奔放的想像力，從蔣渭水的
生平與醫師職志著手，指出他具有「蘭陽道地口音」，並且
也一針見血指出，彼時「智識營養不良，多年仍未癒」的病
症，接著條列他重要的文化作為，例如參與「文化協會」、
「民報」、「民眾黨」企盼思想革新、打開民智。然而，詩
中的「蔣渭水」乘坐車上，窗外流動的不只風景，亦如時光
之逆，列車運載的也是逝去的日子，我們隨著他的旅途經歷
悲憤的記憶，「帝國未曾西落，同志各自背負花園」，但是
「真理和現實只能擦車逆向而過」。本詩作為捕捉台文史縮
影的時間蹤跡，透過歷史人物的真實及情節的虛構，在「前
方請減速，生命路程，身易先死」與「速限七十、車距五十」
兩者之間糾結的狀態之下，並在面對「殖民者」及「傳統理
想」表現出層次豐富的矛盾，彷如過去林燿德曾以現代主義
詩作寫出〈交通問題〉[5]，以限速指涉統治者的霸權控制，並
以紅綠燈象徵民智思想的限制、用路名來指導全民的思想核
心；在〈同名歸途 —— 載蔣渭水返鄉〉中，也用長行的推展
把握隧道中黑暗的綿延之感，但也「無法回頭改變方向」，
索性「握緊方向盤，在歷史快道」，終究衝破黑暗，以「光
源漸漸擴散，平原展翅」的景象代替情緒的直描與說理。詩
中「窗外」與「窗內」相互觀照，互為表裡，是全詩的關鍵，
外頭的「蘭雨是母語，翻譯時代萬千」，象徵層層堆疊的殖
民歷史以致混語（mixed-language）的存在，「在車換黨之後」
用「換檔」暗指政權的輪替。結束則是把握留白技巧，是歸

---

5 〈交通問題〉一詩，可參照林燿德，《都市終端機》（台北：書林，1988），
　頁 114-115。

途、也是起頭：「駛過那些村莊、稻田，如一把手術刀／輕輕劃過母親胎動的肚皮」，而胎生的嬰孩也將重新誕生在這個世界，創造這個世界。

（三）〈罌粟的真理 —— 致柬埔寨畫家凡納特（Vann Nath）〉

柬埔寨，一個充滿神奇色彩的國度。除了後人屢屢歌頌的微笑高棉、吳哥王朝，在 1975 到 1978 年，柬埔寨裡面曾發生慘絕人寰的大屠殺。丁威仁繼〈德布西變奏〉以後，再次以〈罌粟的真理 —— 致柬埔寨畫家凡納特〉敘寫戰爭與難民的故事，藉此展開反思。本詩先從冷調的文字描述赤棉部隊「翻過染血的山頭」攻陷金邊，「上了刺刀的天空／更藍，金邊解放的深夜／風比火焰更熱」預敘即將發生的大屠殺。而有「嗜血兄弟（Blood Brother No.1）」之稱的統治者波布（Pol Pot），在他的統治期間，金邊市的人口不僅從過去的五十萬掉到不及五萬人，波布還以幾近變態的方式，把學校當成刑場，瘋狂的虐殺「犯人」，兩萬多名的罪犯，最後卻僅有七人活了下來；其中，凡納特（Vann Nath）後來成為畫家。「波布罪惡館」（Tuol Sleng Museum）也正是被柬國政府把這間刑場重整成博物館，「波布罪惡館的隱喻，世紀末的／冷酷異境」，而倖存者凡納特便用畫筆記錄「殺戮的主題」，以「充滿劇毒」而慘絕人寰的畫面記錄那場煉獄中往事。敘述者「我」象徵「世界」的全知全能者，他的敘述讓我們看到：「湄公水道」象徵無法癒合的傷口、「濕婆神的敘事變奏」悖離人民的嚮往，「我如罌粟，微風中搖擺詩句

的尾」作為故事新傳，以濃厚的作者口氣以及二元並構的劇
場表演形式，代替忿狷評判的筆調，從部隊進駐、風雲變色
的鋪陳，繪出血肉淋漓的輪廓，從「戰爭的語法謬誤」批判
戰爭，這些殘忍的事件都不禁讓「異國」的我們唏噓不已，
是故，幾次以「刪節號」作尾的句子，便是作者期許留與讀
者去思考、填補的空間。在「你」作為一位畫家，「仍躺在
一九七五年的邊境／與刑場，等待處決。」，儘管最後畫家
逃過一劫，「熄去腐敗的菸蒂」，特以此態形容亂局告終，
取而代之的是「命運」、「畫作」的回收，鮮明如「油漆未
乾……」，而這樣的殘暴事蹟卻也在許多地方不斷上映，似
曾相似的畫面不斷滲進許多人的心中。

四、2008 年聯合報新詩獎得獎作品

獎項	作者	作品名稱	作品內容	行/字數
大獎	阿眠	出遊 —— 悼 P	面對生命裡的悲苦，透過回憶去轉化，詩句簡潔俐落。	28/186
評審獎	雷子瑛	SW11542	書寫父親在病房即將過世的情景，用軍隊裡的編號去看父親經歷戰爭、流離到台灣的經歷。雖是親情獨白，也關連到台灣當代歷史。	42/459
評審獎	廖宏霖	那些細節都走了	有關記憶的主題，描寫記憶鬆動，代表的是生命意義鬆動的狀態，文字帶著一種不著邊際式的詠嘆風格。	40/567

（一）〈出遊 —— 悼 P〉

　　和過往相較，這一年大獎的主題雖沒有過去那樣廣宏的企盼與繁複的語法形式，然卻情感真摯。在〈出遊 —— 悼 P〉裡，詩人以充滿抒情的詩句，將生命的憂傷「內化」而創造出一種主觀經驗的意識，「解開項圈　與乳名／趁夜／我們祕密出遊」，捧著「秘密」般的大詞彙，因為詩的歧異性，反而讓讀者猜想，那個被解開的，或許是「寵物」，或許是「束縛」；在次段，「你的小蹄輕躍／串連虛線／同時記憶和遺落」對照著「懷中的燭火昏弱／咳咳喘喘／像住了長年的病人」，象徵從嘗試摸索到掙扎徬徨的階段。隨著時間的展開，我與指稱的對方，「誰都捉不到誰了」，充分流露出對於生命的躍動與失落一動一靜的對比，「花，不及你來得少女」，是他對於 P 的讚美以及用美好的詩句肯定對於愛的信仰。此外，在網路部落格上，也找到在決審會議中評審對於 P 的猜想對象，在部落格上表示：小 P 是一條年邁的台灣黑土狗，在那年農曆除夕時，阿眠一如往常地牽著小 P 出去散步，但在火車準備要通過時，被柵欄攔住的作者，卻是喚不回昨夜向駛來的火車奔去的小小生命[6]。

（二）〈SW11542〉

　　〈SW11542〉，以英文編碼及數字為題，一說是軍藉編

6　MR.7，〈我是 MR.7〉，在作者的部落格中，有〈出遊 —— 悼 P〉創作的背景陳述，瀏覽網站：
　　http://mypaper.pchome.com.tw/mr7/post/1310615144，瀏覽日期：
　　2013.12.20。

號，一說是靈骨塔的位置，由此帶出蓬鬆的想像空間，再從「Dear 地藏王菩薩」的開頭，看似離題並帶有荒謬的語句，卻書寫與至親嚴肅的「離別」。「十歲那年他不想再餓肚子謊報年齡投報軍隊」描述父親投身陸軍的往事，他一生的流離，「暫且／駐軍在　SW11542」；「38 年　他奮力游過時代斷裂的海域　根落台灣／成了人們口中頑強的老芋頭」。就跟那群當時來到台灣的老兵一樣，父親跨過海峽，「原來思念的歧義是惡魔」，大陸老家成了一遙不可及的故鄉，「父母弟妹仍年輕可掬　鮮明地在記憶裡用力招手」。歷經多場戰爭，「嚥不下的家鄉」，不僅那種可望卻不可及的遺憾長存，後來不斷被病魔折磨，終告病逝。在末三句，可讀的方式有二：一種是照著順序，從左到右、由上至下念完；另一種則可將左、右邊互相對齊的句勢，各看作一組，如「Dear 地藏王菩薩」、「編號 SW11542」、「接下來的路」對照著「我摯愛的爸爸」「失去軍籍的陸軍上尉」、「就麻煩祢了」，來看待「生／死」，或者「神祇／靈魂」，重新思考生死的意義。

（三）〈那些細節都走了〉

作者首先引用伊莉莎白・碧許（Elizabeth Bishop）的詩句，她不僅曾在 1949 至 1950 年榮獲美國桂冠詩人，並於 1956 年獲普利茲獎。在東華大學曾珍珍的中譯以後，擴大了她的詩作在國內的能見度。〈那些細節都走了〉闡述「記憶」── 它的本質以及細節的選擇，整首詩似乎是不著邊際的詠嘆。首段從遠方朦朧的景色，湖光樹影，以及「死亡在霧的邊緣逡巡」，「我像一隻從遠方逃走的麋鹿」，由「我」的

眼光以「漸入漸深」的集中視焦，探究「廣場」巧指「生命範圍」的感知企圖。「當廣場的鐘聲敲響一個又一個不眠的夢」，時間終究會流逝，記憶的細節可能也隨之流失，成為「過時的東西」。但是，「你說那些細節都走了」，「雨雲」聚集「在清晨的廣場」，「神祇也無法說出的字彙全都寫在水面上」。在末尾以「我說那些細節都走了」再次對照引用碧許的詩裡，那湖邊的麋鹿「像是正午藏匿在腳下的影子一再試圖走出的詩句」，把握詠嘆而從容的節奏，「夢境無限延長，只有睡著的人才能夠拾回的細節」，並以詼諧的腳步來鋪設詩句裡的情境，「我們遇見此生的第一隻麋鹿」，從前面的「廣場」拉回至「黑暗的舞台上」，「只有我們／等待著這場一無所有的戲」，譬如記憶、以及遺忘，這都是不容易的事。

五、2009 年聯合報新詩獎得獎作品

獎項	作者	作品名稱	作品內容	行/字數
大獎	達瑞	石榴	因為爭吵產生的距離感讓敘述者有了愛情的危機感，用石榴汁液擴散，表達兩人情感鬆動。	36/377
評審獎	游書珣	餐桌上的陌生人	詩有悲天憫人的關懷，它講第三世界的同時，也在諷刺台灣的窮奢極侈，是首社會詩。	36/602
評審獎	原筱菲	組詩：四方盒子	詩中安排五個由大至小的空間，可視為一首情詩，扣緊「寂寞」的主題，講完屋子、講寂寞夜晚、舊日記，最後打開抽屜找到火柴盒，在黑暗中把自己燃燒。	37/377

（一）〈石榴〉

〈石榴〉是一首隱喻由於距離所對於愛情產生危機感的情詩，作者擅於布置場景與情感產生的糾結，藉由石榴汁的染色，「一滴未及時洗去的石榴汁／占據了時間的衣角」，即便在兩人看似平靜無波的生活中，「妳的沉睡是一種片面的衰老／在我的夢裡靜靜完成」，從細節的表達，我們卻可以看到「舉輕若重」的憂傷，「微調的髮色，新換的盆栽」，象徵主述者「我」與對象「妳」（也有可能是想像出的理想對象）兩人間，所逐漸拉開的距離，以「一滴意外濺出的石榴汁」作爲轉折處，曖昧的語詞，讓讀者進行猜想中間的過程；但在情緒的往返以後，「『情節至少恢復了。』妳說」，我們不禁要問起，這段情感是中斷了嗎？對照開頭的「然而寂寞的隱喻恆常在側」，從「然而」的起頭乍然切入詩首段，以及後續看似試圖溝通的對話框，「『記得／罐頭』『魚缸要換水了』／『午後可能有雨』」，作者沒有給予答案，而是將結局給予讀者補白。

（二）〈餐桌上的陌生人〉

關於〈餐桌上的陌生人〉，可用「揭與隱」來形容這個主題，作者以「餐桌」來比喻光鮮亮麗的社會表面，這是「隱」，例如「壓著鱷魚皮紋的牛皮椅上」、餐桌上可口的「生牛肉」、「過多的白瓷餐盤」、「華服」、「水晶燈」，象徵文明與華麗的生活；但相對的「揭」，則是揭開餐桌以外，殘忍而醜陋的那面，例如：「伊索比亞小孩們在門外探頭，躡手躡

腳地進來」、「（進入巴勒斯坦人的胃，被滾燙的惡夢襲擊！）」，這些畫面對生居寶島上的我們是「另一個社會」。生命的沈重可用輕盈的藝術態式代之，作者巧以第三世界的觀照，同時諷喻國內外皆具有極度奢華的現象，以社會與人性觀照入題，「『揭』掀」那些社會裡所「避『隱』」的所聞所見。另外，儘管許多人曾認為，文學獎可能會限定一個人的創作方向，游書珣自 2008 年拿到「林榮三新詩獎」後，彷彿也釋放身為藝術工作者的她，醞釀已久的創作能量，除了陸續在三大報發表多首圖像詩[7]，還有在 2009 年以影像詩的作品獲得台北詩歌節影像詩的徵獎。

（三）〈組詩：四方盒子〉

在每個人的心裡，都有一把開啟私密空間的鑰匙。〈組詩：四方盒子〉是由五首組詩「空屋子」、「黑房間」、「舊抽屜」、「音樂盒」、「濕火柴」所構成。首先顯而易見的，五個子標題是「由大至小」連鎖設計的空間情節；可視為一首情詩，扣緊「寂寞」的主題，透以淺顯的文字、層次分明的結構鋪陳。在首節，「在一個空曠的屋子裡」，藉房屋建築所寄寓的象徵，可讓家人於此聯繫情感，或者提供休憩的實體空間。接著，走進「黑房間」內，「我就寂寞在另一個夜色裡」，逐漸拉開另一個私密的空間──「抽屜」，裡頭是「另一層黑夜」，並且有本「舊日記」；配以視覺帶動的今非昔比，造成心靈的空虛。於是跳到「音樂盒」，那響起

---

7 插畫與詩作皆由游書珣本人創作，可參見游書珣個人部落格「Soo」：
　http://www.wretch.cc/blog/tainanian&category_id=15564722。

的旋律不禁令人憶起過往，「清脆的樂音會令人心驚」。最後，講完了屋子、寂寞夜晚、舊日記、打開抽屜，直到找到「火柴盒」來收尾，「裡面只剩下一根潮濕的火柴」，但沒有火柴就無法照亮這片永夜，講完在黑暗中點燃火柴，也象徵隨著情節的推動，最終把「最小的自己」給燃燒。此詩從現實世界轉化為意象世界，作者原筱菲在荳蔻之齡便能獲得這份榮耀，也提早預言未來她在中國的九〇後一代勢必嶄露頭角。

六、2010 年聯合報新詩獎得獎作品

獎項	作者	作品名稱	作品內容	行/字數
大獎	林達陽	穿過霧一樣的黃昏	氣氛迷離，用重複字詞產生綿密音樂性。描述穿過黃昏的心境，走過美麗、走過成熟，逐步了解人生，對過去的生命產生省思。	39/554
評審獎	徐紅	彼時	詩中描述的悲劇成分，透過詩語言的提升，來到抽離深思的層次，用字簡單但深刻。	39/585
佳作	張繼琳	今夏接近赤道	用特殊幽默、反諷的語調，寫地球暖化的問題。或以幻覺重回被殖民的心態，凸顯個人的無助及無力感。而詩中的原始部落，顯示了漢民族的優越感。	40/603
佳作	丁威仁	字音的流沙 ——致母親	坦率真誠寫異鄉遊子年過四十猶一事無成，意象跳躍大膽，點出台灣城鄉差距，間接描寫對母親的歉意和小老百姓的困境。	39/463

（一）〈穿過霧一樣的黃昏〉

　　〈穿過霧一樣的黃昏〉不僅是 2010 年聯合報新詩獎的大獎作品，也讓作者林達陽在文壇間迅速走紅。此詩從詩名的精巧、大量使用複沓的詞彙，調控可誦的節奏，形塑出作品的強烈音樂性，例如「穿過」，可以是「穿過霧一樣的黃昏」、「穿過風雨的洗劫」、「穿過敘事的歧路」、「穿過日子的攔阻」，甚至「黃昏穿過我」，彷彿不斷移動的時間，以及不斷追懷往日的趕路者，走過人生的美麗、走過成熟，也逐步了解人生，對於過去的生命產生省思，而創造出氣氛迷離的抽象意念；還有「守著」、「留下」等詞語的重複，連接著不同的賓語，成就這首詩；在詞彙、句法、音律三方面的語言風格，透以如散文般綿密的詞彙，說明對於遠方的執念、轉折。另外，當年的評審席慕蓉以〈生命的撞擊 —— 寫給達陽〉一文，講述再次讀到林達陽的〈穿過霧一樣的黃昏〉之心靈感受及生命撞擊的況味，作為林達陽《誤點的紙飛機》的序[8]。

（二）〈彼時〉

　　詩中環扣一個主題 ——「彼時」，以看似「佛性的語言」所構築，「彼時我們在夢裡栽種蓮花。／請忘了痛。苦海無邊，普渡慈航。」採取旁觀的寫作立場，將對於慾望、權力、政治的批判及諷喻，包覆在三十九行、近六百字且未分段的

---

8 席慕蓉序，林達陽，《誤點的紙飛機》（桃園：逗點文創，2008），頁8-17

詩作中，重複提醒「彼時」，似乎沿著另一段時間的脈絡，「彼時我們互相看不見，／我們之間隔著鏡子，行為準則與社會。」關懷著開發以後社會轉型的現象，以及在當時 2010 年預想 2012 年末日來臨的恐慌及漂浮感，彰顯人們對於未來的不確定性，「彼時有人笑，有人哭。有人生，有人死。／世間諸般皆幻象，／迷是凡夫，悟是佛。」人生百相不也互為虛實，相映成趣？「彼時下雪了，『這慾望的罪』。大地一片潔白。」對於白靈來看，這詩是「一首人間煉獄的時代切片」[9]，「能透過詩的語言提升到抽離深思的層次，讀來驚心動魄，可勾引不同族群的同理心。」[10]

（三）〈今夏接近赤道〉

「冰水在喉嚨製造一道涼爽瀑布／我感覺胃袋這個水潭水勢洶湧……」在首段，作者試圖引起讀者興趣，「不知為何即將到來的災害／令人莫名興奮」，襯托出即將引出的本詩重點：「我覺得自己彷彿生活在赤道附近」。作者以豐富的想像力及幽默的語調，把「在公園散步的男人」想像來自於「吹箭的部落」，並藉此想起原始的家鄉以對映「文明的現代社會」。在這裡，「每一次怪手挖土機出現我都緊張開發者」，「三十九度的熱空氣驅使大家昏沉好吃懶做」，這樣的高溫、地球暖化，甚至是有著被殖民的經驗影響。

9　王立記錄，〈第 32 屆聯合報文學獎新詩決審記要／有詩的此時〉，《聯合新聞網》，網址 http://mag.udn.com/mag/reading/storypage.jsp?f_ART_ID=271672，瀏覽日期 2013 年 12 月 25 日。

10　同上註。

（四）〈字音的流沙 —— 致母親〉

從這首詩的副標「致母親」與首句「鄉愁像一片森林」，便可清楚看見本詩的主題。「我想像憂愁的母親，肥沃鬆弛的雙頰／剛被淚水淹沒」，這位母親是為何是憂愁呢？擔心稼穡、操心家事，因為「颱風滯留遙遠的海上」，也間接開始點出對母親的歉意，因為說話者背井離鄉，來到「遠方的城市，霓虹張開了翅膀」。詩中點出城鄉之間存在的落差以及人的失落，對於「離家與返鄉的滄桑」也擴散到許多遊子所面臨的困境。然而，母親是否仍為此操心，說話者「我」藉由想像，「彷彿看見，一列搖晃不安的／電車，滑進母親失眠的夜」，想念著母親，也想像著母親依舊煩惱著許多事情。而在最末二段，突然從前面情節的敘述跳脫至對話，「每個字音，都是流沙／『大碗的蚵仔麵線，一點辣』」試圖叩回詩題「字音」，隨著離鄉的時間，逐漸被異地文化同化，家鄉的特質如同流沙逐步凌解，即便依舊被經濟壓得喘不過氣，「我深奧無比的／皮夾裡，還堆放著過期未繳的／帳單」，通過字音的表現，種種想望也逐步溶解在時間的流沙中。

七、2011 年聯合報新詩獎得獎作品

獎項	姓名	作品名稱	作品內容	行/字數
評審獎	吳文超	受詞	詩在探悉人際之間的疏離，是議論式的作品。但詩的表現上「太清楚」，詩意稍有欠缺。	43/584

評審獎	張耀仁	在戀人的房間裡	小空間裡自成世界，如雙人床、小小的空間等……，整體思路清楚，帶著悅人的詩意與節奏。	40/537
評審獎	黃胤誠	指認	「指認」可解讀成「指頭」和「辨認」，對應手指與頭髮，以理髮師隱喻神明的力量，對生命本身要被塑造成什麼樣子，做了巧妙的連結。	39/474

（一）〈受詞〉

　　吳文超繼去年以結合「腦科學知識」的詩作〈會議〉，在 2011 年的作品〈受詞〉，再次結合了自己的醫學專業領域，來思索人際的關係。如作者在詩末所提供的註，所謂六度分離（Six Degrees of Separation），即為人際交往的網絡中，任兩個陌生人都可以藉由「親友的親友」建立聯繫。作在專有名詞「六度分離」的詮釋，「第一百次經過之後」象徵複雜的人際脈絡；「或許／喝過同一個服務生倒的咖啡，被同一個／埋伏在騎樓下的警察開過罰單」，則是形容許多的陌生人擦身而過，或許就是將來認識的朋友。這樣的議論作品，容易凸顯出這類詩作的特點及優缺點。

（二）〈在戀人的房間裡〉

　　「整座城市都在等待出租；／每個孤單的空房，都在等候有緣人入住」，以上詩句是節錄張耀仁在 2011 年獲得第十四屆台北文學獎現代詩優等的作品 ——〈暫時居留 —— 關於一座租賃之都〉。在同年，他同時也以〈在戀人的房間裡〉

獲得聯合報新詩獎的肯定；這兩首詩作就像前後傳，都是以
「都市」、「空間」作爲主題。回到〈在戀人的房間裡〉。
在首段：「四坪大小，格局方正／一房一衛，單身且育有陽
台」，我們可以在此看到居住的空間環境，並想像人物的背
景。在次段，作者開始擺設醒目的都市地誌：曼哈頓、布魯
克林、東京都，都是知名首都，人群在此不斷奔走，「戀人
蒐集世界，在自己的星球上旅行」，「缸裡有魚與倒影接吻」
就好像高樓大廈林立的玻璃帷幕，我在這個「房間」裡對望
外頭的世界，利用穿出房間的視線製造窺視感。在種種瑣碎
的敘事軸內，就如極欲孵化的時刻，如同韻腳串連著反覆又
反覆的操練。作者引領讀者去「讀生命」，透由書寫的曲折
模式，製造／推究兩人存在的意義：「房間是子宮；我們是
孿子，羊水拍擁中隸屬相同的基因」、「雙人床漲成海洋，
言語捲起巨大海嘯」這象徵著情人間的約諾，以及後來的爭
吵。，「一座博物館，或一間精神病院。」以洞察社會更細
膩的心境視野，喚起讀者遼闊而朦朧的念頭：「我來不及與
其共赴一場日出，／投身惺忪的城市」，然而，哪怕外面的
世界「持續攀升的房價中，卻始終沒有一個房間／真正隸屬
我們」。

（三）〈指認〉

　　文學的精粹，除了文字的美學，也可作爲盛載想法的容
器，並先知性地發掘出各種社會上的議題。評審洪淑苓解釋，

「『指認』可解讀成「指頭」（finger）或辨認（figuer）」[11]，作者首先引用 Paul Celan 的詩句，「你的手充滿時間」點出本詩要旨。對於生命的解釋，「理髮師手下的塑品是活物」，因爲「砍伐與造形」，從無限的延異倒轉到細節的精緻，是靈魂與身體的掙扎。配合現代科技發達的現象，「指認」也可象徵許多的「低頭族」、「指滑族」，用「手指」與他人溝通，而成了另一種解釋。

八、2012 年聯合報新詩獎得獎作品

獎項	姓名	作品名稱	作品內容	行/字數
大獎	高亮亮	瓶裝人生	主題乍看有點小，其實是集中的生命的絕境和疏離，有點像商禽逃亡題材的作品。	35/536
評審獎	吳鑒益	寂寞喬治	題材結合不久前的一則新聞事件，稀有種的烏龜滅絕，詩作把感傷情緒充分地表達。	39/487
評審獎	王雄	識字歌	詩作層次清晰，寫親情也寫人生，逐步地往前推進，從具象到抽象，有種後設的趣味。	36/251

（一）〈瓶裝人生〉

「輕」，有兩種形式，一是無重量之元素，像雲塵，又或是一瓣呼吸的空氣，輕盈地漂浮在沈重雜世上；詩也是，

---

11 洪淑苓，〈指認〉評審意見，參見《聯合報》（2001 年 10 月 27 日），D2 版。

削減著語字的重量，寓託大宇宙的聯結，至煉金術士般凝鍊語言。輕，讓詩可以是光線、是一道嘆息，也可以是〈瓶裝人生〉塑造出意象的透明感。〈瓶裝人生〉以焦點集中、「小題大作」的方式，寫出生命的疏離與絕境以及分歧後收縮的情緒，寫的一種對於生命態度的「輕」；主語是「我」，在「仰頭喝水的時候，我看到了自己」，從預敘視角的揚起，「外面的我決計把自己救出來」；將「瓶口」象徵人生的「轉捩點」，「是瓶中人豁出自己的方式」。但是，「被鼓起的二氧化碳的泡沫衝出瓶子」這樣的突破，衝撞人生的常規，卻像「不合群的失敗者」，終究是無能為力的。只能期待，「下一輪人生，能不能重新選擇／比如一個汽水瓶？」〈瓶裝人生〉引領出的題目，在壓抑的城市裡，從你、我的共感猜想，彷若詩中單向或互動的試探中，交織漂浮空中的許多線索，任拉下一條，都是讀者可以遊走的思緒。

（二）〈寂寞喬治〉

這首詩的主題是來自於 2012 年的一則新聞事件－寂寞喬治（Lonesome George），是 1971 年被生物學家在平塔島被發現，故得名「平塔島象龜」。但發現這類物種時，便僅存最後一隻，最終也在 2012 年死亡而宣布此物種的滅絕。這篇作品將「寂寞喬治」作為媒介，由「我」作為在敘事軸上的主語：「自己物種裡的最後成員。今天，是我的最後一日」，以虛筆將現實揉雜於想像之中，共構成情節攀沿的軸。這首詩可以說是從細節為始，又以細節作終的作品，在「最後一次它們移動脆弱的隊伍」，有「空去的殼」，還有「龜裂的

名字」，它們「靜成一幅美麗的等待」；這三個似靜而動的畫面，某些理想逐漸消逝，隱含著歲月推移的無奈，「我不知道要繞過幾個寂寞，才能找到人／類」，面對自己孤單的處境，即便面對外在匆匆的波風浪殼，此時「我」只是無聲勝有聲，「輕輕的，我絕響了，懂得收妥共鳴」。

（三）〈識字歌〉

「那是雲，那是鳥／那是天空和星星和月／那是馬，是時間。／這是你，而那是我／我想我們／看不見的／稱作愛」從〈識字歌〉的開頭，就可以感覺到它簡潔明快的節奏感，隨著視角的抬頭仰望，將讀者凝視的風景帶到廣闊的天空。接著，作者以寓言式的「深度」，彷如藏著某些途徑的地圖，藉以一層一層意義的聯想，推敲出它逐步鋪陳的意義：「那是貓，那是象／更遠有山和樹／這是語言」，讓我們回溯文字的行程，乃「象形者，畫成其物，隨體詰詘」，以模仿其物的形態而成；接著再從語言推展，「語言是海，我們是舟／語言在我們之間流過」，隨著時間的推展，文字的意義也不斷的產生變動。作者由多次的二元詰問中，拈出語詞歧義的交互關涉，如數字、文字，善、惡等，推敲出一種「辨讀」的趣味。究竟何者為真，何者是建構出生活的全部，這些都是面對生活的玄思奇想。

九、2013 年聯合報新詩獎得獎作品

獎項	姓名	作品名稱	作品內容	行/字數
大獎	游書珣	穿過葉尖的名字	作者把從一個孩子還未出生，到她自己老去，這樣漫長的過程，濃縮在一首詩裡，文字、布局各方面，都很完整。	37/509
評審獎	李振豪	動物園沒有	詩裡有強烈的生態意識，也有隱微的社會，寫一般人的處境，憂鬱、活著是被宰割，以動物園作為隱喻。	34/388
評審獎	趙韡文	證明	每個人每天都要在櫃檯前用證件證明自己，可是好像只有寫下來的、具體的東西才是。此詩表示對生命意義的思考與反省。	37/433

（一）〈穿過葉尖的名字〉

「散步時我想著你，此刻安睡於／我隆起的腹部，一個空著的括弧／等我填入全新的名字」。游書珣以初為人母的心情入詩，所謂「穿過葉間」，從大自然看似細微渺小的生命，其實卻是強韌而活潑的。那個「名字」，則是預敘新的生命所即將來到的期許，「我翻閱手邊的野草圖集／語音一節一節」，而這就像是讀出各種植物名稱時，口齒擦撞間的風，「是在葉上／逐一簽名又遠離的風，還是從我嘴邊碎落的／呼息韻腳？」順勢帶出親情的勃發。最後，作者已想像到孩子逐漸長大成人，從「蔓生腳邊」的小苗長成一棵大樹，只是自己即將年華老去。

（二）〈動物園沒有〉

　　講到動物園，就會想到五花八門的動物們，在柵欄中被觀看、被豢養著，所有的行為都明目張膽地展現在觀賞者的眼前。而作者的這個動物園，隱喻的是「社會」，這個柵欄就如無形的「框架」，一再使用復沓的問句：「我從沒問過」，以此並現多層次的詮釋，是由小見大的社會觀照。那些珍奇鬥艷的動物們，卻是被拘束、被關在柵欄裡，但是我們也忽略到，身邊周遭的那些弱勢的族群卻被忽視，例如「流浪狗」、「無殼蝸牛」象徵著遊民，「白老鼠」則是指未知結果的受試者，甚至「畸零人」象徵社會的逃兵。相對的那些在動物園裡的，「河馬轉動耳朵用力放屁／貓熊繼續恩愛的無性婚姻」，作者同時也在講社會的階級制度，使用「逆反」的氣味，議論這個社會。

（三）〈證明〉

　　就像是我們在日常生活中的體驗，〈證明〉這首詩作寫的是日常生活。用「請出示證件……」以及「請在這裡簽名……」分作三個段落，來證明自己的存在，從「證明你擁有某間／房子，臥室，甚至其下土地」，透過一張張的證書，進而證明與他人之間的關係，這首詩並不難懂。可貴的是第三個段落，「當生活禁止你／通行，如何以臉孔髮型口吻／證明你是你」進而去思量生命意義。「在新的故事裡你／隨機移動，沿途栽植旺盛的情節」，作者面對情感的糾結，刻意鋪排檢查作業的重覆與繁瑣，達到嶄新故事的開展。

第二節　時報新詩獎得獎作品

一、2005年時報新詩獎得獎作品

獎項	姓名	作品名稱	作品內容	行/字數
首獎	甘子建	島	從「島」自由、獨立的特性，愛情的狀態或闡述人際關係的交通。	28/498
評審獎	馮傑	牆裡的聲音	以阻隔在牆裡的聲音隱喻被壓抑的聲音。	30/407
評審獎	周若濤	在噩運隨行的國度	從一個被「噩運」籠罩的城市，在劇變中消逝的無數生命，寫出對於戰爭與仇恨的沉思。	30/433

（一）〈島〉[12]

　　甘子建筆下的島就像「一個只有在夢中才能見得到的地方，失眠則『毫無動靜』、『不曾踏足』，以此而喻理想和夢境的失落。」[13]現代的人，彷彿都擁有一座「孤島」，透過虛構的「雲端」，兩個人可以在網路上熱切的討論或展開親密的對話，一旦離開「與電腦溝通」的方式，彼此親近如面對面，卻「相見無語」。在2005年，已有超過一半的家庭

12　在甘子建的「天空鳥」個人新聞台網站也可以看到作者這首詩的創作分享，但不同的是網路上的版本加上了副標「我的 F 以及我的鳥都過去了」，參考網站：http://mypaper.pchome.com.tw/skyfish/post/1260107440，瀏覽日期102年11月9日。

13　白靈著。蕭蕭編，《2005臺灣詩選》（台北：二魚，2006），頁195。

在家中有網路配備[14]，「那座島」，可象徵在網路休興盛的背後所導致的人際距離；除此之外，也可看作情愛共構、或寧謐儲放、或家園社會，或也可指涉為柏拉圖的的理想國。若以蘇珊‧朗格（Susanne K. Langer）的藝術符號學來看「島」的意念，從「一種訴諸視覺、聽覺、甚至訴諸想像的知覺形式，一種將人類情感的本質清晰地呈現出來的形式」[15]，並將此當作一個包蘊情感的符號，作者在純淨的口語間，「曾經橫跨彼此內心　還記得嗎」，但我們可以讀到那個腔調是掙扎的，客觀地將經驗表現出來，使接收者理解，讓現實世界、創作者、以及接收者建立關係，以符號為仲介構成了一個連接的整體[16]，提供了一個嶄新的視角，並且拓展「意義」

---

14 本文以「家中網路配備」、「台大批踢踢 BBS 點閱率屢創新高」、「MSN 及 YAHOO 即時通的普及與共通」以建立話語的論點。根據「財團法人台灣網路資訊中心」數據，在 2005 年已有超過一半的家庭在家中有網路配備，可參見 TWNIC 網站：
http://www.myhome.net.tw/2005_03/web_news/main1.htm，瀏覽日期；102 年 11 月 10 日。再者，自 1995 年成立的 BBS「台大批踢踢」，在 2005 年接連火速達成「同時上站超過 3 萬人、4 萬、5 萬人」的多項空前成就，可參自「PTT 鄉民百科」，網址：
http://pttpedia.pixnet.net/blog/post/41830168-ptt%E6%AD%B7%E5%8F%B2%E5%A4%A7%E4%BA%8B%E5%B9%B4%E8%A1%A8%EF%BC%88%E6%8C%81%E7%BA%8C%E5%A2%9E%E5%8A%A0%E4%B8%AD%EF%BC%89，瀏覽日期：102 年 11 月 10 日；另外，當時紅極一時的網路即時通 MSN 及 Yahoo 即時通，建立現今通訊軟體（如 Line、Whatsapp）「錄音留言、貼圖、背景」等多項功能的模版，不僅廣受大眾喜愛，在 2005 年建立兩個不同平台可以互通的版本，與 Skype 為當時最受歡迎的通訊軟體。

15 蘇珊‧朗格（Susanne K. Langer），滕守堯、朱疆源譯，《藝術問題》（北京：中國社會科學，1983），頁 107。

16 蘇珊‧朗格（Susanne K. Langer）著，劉大基、傅志強、周發祥譯，《情感與形式》（北京：中國社會科學，1986），頁 128。

的內涵；例如在詩中「我們」的曖昧關係裡頭，「挺喜歡它載著我們在夢中　漂流」到「我們的樂園　遠望　故事發源」，彼此關係的拆解與重構，對摺於「那座島　從某次失眠的去夏以來就毫無動靜」、從意象的預敘關係裡，揚起、分歧，最終收束的情緒：「如果　那座島　我們從失眠的去夏／就不曾踏足」，彷彿是生活的旁觀者，將城市與社會的物件交錯收束成生活的小零件，拓展作者在「島」所賦予的意義內涵，除了在邏輯的關係上闡述意義，既有區別，又相互聯繫而成為一系列的系統關連[17]。作者把握現實與理想的分際，「思念比生命還久一點的廢墟　和廢墟邊上／正忙著摘採一朵花香的我們嗎」，舊時光沒有消失，想要被蒐集起來，哪怕曾經是遺憾的。

（二）〈牆裡的聲音〉

〈牆裡的聲音〉呈現一種被空間禁錮而蠢蠢欲動的身體，「牆裡的聲音在響　青苔鬆動　聲音要浸透出來」，同以藝術符號學來看，符號既指出藝術品的整體的外在樣貌，卻也可以是「抽象」形式，從隱喻和象徵各種面向，來理解其內在生命的特性與細節，這些都是它所包括某種結構通過連結而具有的關係[18]。從這一年得獎作品的「島」與「牆」，兩者皆從自身的拆解與重構間，出／入的曲折模式，以寓藏著迷惘朦朧的畫件，製造／推究存在的意義。可能受到政治

---

17 Susanne K. Langer，*Philosophy in a New Way: A Study in the Symbolism of Reason*（Cambridge: Harvard University Press, 1957），pp.24-25.

18 蘇珊・朗格，《藝術問題》，頁 14。

與權力所擠壓，「牆」是堅固的，「聲音」卻是流動的，〈牆裡的聲音〉被充滿衝突的諾言所糾纏：「聲音也被凍僵　被凝固　被彎曲　被遺忘」，卻「沒有人聽到它在牆裡的呻吟」，不用太多批判的力道，時間已經荒涼頹傾；那股聲音「滿身傷痕地擠出」，將隱沒在大敘述（grand narrative）底下的事物重新挖掘出來，「想要摳出來深埋的聲音　把它用一方手帕包好　」，在高牆的隔離之下，社會中並沒有所謂的基本自由空間，從傅柯的「全景監獄」（panoptic）來看，每一個動作都會受到他人的壓迫、調查、矯正，「孩子嫩芽般的手指磨破流血　最終／也哭著失望地離開」，在重建新主體性的旅程，試著尋求主體，卻又摧毀主體，擺盪在總體化和非總體化的衝動，「一部分聲音」不是「被餓死」，就是「被乾涸」，「最後剩下一截聲音狀如小小錐尖」像「一滴眼淚」，遭受大車撞過，「聲音被重新碾入地下　連同身後攜來的厚牆與黑暗」，映出生命的反諷。

（三）〈在噩運隨行的國度〉

詩共三節，首段從「在噩運隨行的夜晚」開始，〈在噩運隨行的國度〉像一把不斷長大的傘，交織著向外輻射的大網，面對內在逐步凋零，從輾轉反側，走向詩人的身體力行。以「劇變的預感」對襯於「如常」，以「長年劇痛的蛀牙」照應著歷史的蒼茫與教訓，分別雙襯出「一聲嘆息」、「一記耳光」。在次段，「在噩運隨行，且無事可為的夜晚」，在壓抑的街市裡，「氣味」在探索、流竄，對於「無數消失的石碑與銅像」那樣的亡逝，古老國度只留下廢墟；從「妻

蜷縮於陋室」與步伐禁錮的雙重義涵，寓藏著理想詩人爲下一輪未來世代所「譜話／譜畫」的備忘錄；「在噩運隨行，且一語未發的夜晚」隱喻一個小我的勇者形象頡抗時間巨靈，所尋求個人的神話。最後，用「火藥」、「傷口」、又用「古廟的塔尖共同指向的空茫」，表明敘事者意念先行的雙向變通。

二、2006年時報新詩獎得獎作品

獎項	作者	作品名稱	作品內容	行/字數
首獎	辛金順	注音	將語言與時代、國族作連結，除了透過注音符號製造詩的趣味性以外，也展開自我認同的辯證。	23/496
評審獎	曾琮琇	現代	從年輕心靈對時代的諧趣與看法到現代人類精神死亡的宣告，從題目及「鼠灰色」來諷喻「現代」。	29/369
評審獎	木葉	春風斬	強調「愛情之於人生」；特色是巧用典故，並在格式上爲四行一節、隔句押韻。	27/421

（一）〈注音〉

「語言」除了溝通，也負載著國族身分的認同等複雜的意義。有趣的是，2006年「聯合報文學獎」、「時報文學獎」兩大報皆是以語言的題材獲得第一名的肯定。〈注音〉刻意破壞詞語的確定性，例如「我試圖走入你的唇音，大聲的說：這是ㄅ，那是／ㄇ，搖醒的ㄅㄊㄋㄌ跟在童年身後」，聰慧地運用注音符號，造成詞面的換位及詩句迂迴的進程。種種

詩想經由那番遊戲性的詮釋，以麥克魯漢（Marshall Mcluhan）
「媒介即訊息」（Medium is the Message）[19]來看，〈注音〉
以新的手法展現「新詩代」的新信息。「這是一生的逃亡啊！」
我們能看見作著的逃遁，逃到了語音層次，逃到了政治的語
境（context）[20]，「國語和／普通話，在牙齒與牙齒彼此撞
擊的震顫／之間」，我們看到跨越語言的糾葛，在「脫掉ㄓ
ㄔㄕㄖ／ㄗㄘㄙ」捲舌音與不捲舌音的相對，不僅讓許多初
學者混淆，於是產生「有點失語的故事」，亦為「一個世代
的歷史」。到了今天，作者提出「音符和音符在網路上相互
擁抱」，指認新世代在書寫工具的轉換，從鍵盤逐漸取代紙
筆書寫，因為以飛似速度的打字，容易產生謬誤的字，連帶
也使新世代的國語文教育經常被探討相關，也成為筆者所一
再提出的「火星世代鄉土文學」[21]的論點。但不論如何，「母
語」、「國語」、「網路語」，這些種種糾纏的情結，都是
連結著我們國家的歷史，於是，辛金順文末才如此作結：「那
裡，我是你，我們是他們。是／注音，我們都曾經住在一起」。

---

19 即便麥克魯漢未曾見證到網路時代的來臨，但他卻預見人類會因為科技
的出現，改變過去只注意「媒介」承載的內容，而延伸到「媒介」產生
的改變，勢必也將重新形塑人與人的關係。參見 McLuhan, Marshall:
Understanding Media: The Extensions of Man（London: Routledge, 1964），p 7.
20 焦桐將本詩看做是一首情詩，一篇賦別曲。而「政治語境」象徵的是「歷
史的某些謬誤和糾葛下的調適與衝突，以及理解後的寬容」。參見焦桐
主編，《2006 臺灣詩選》（台北：二魚，2007），頁 255。
21 本文所指的「火星世代鄉土文學」，「火星世代」一詞指的為使用「火
星文」的一代，以區隔和「鄉土」、「新鄉土」文學不同的時間；而本
詞的「鄉」，指的則是「網路鄉民」相對於他人在紙本所發表的文字，
「鄉」為對比的概念。

（二）〈現代〉

在年度詩選賞析中，蕭蕭認為〈現代〉是一個年輕心靈對時代所表現的一種諧趣與看法[22]，評審張香華則認為這是「現代人類精神死亡的宣告」。從首段醒目的敘事張力，「那裡的天空是湖水藍的／窗玻璃、燈罩和花器通透明亮」，最後又在睡眠中結束前後呼應，這首詩是帶有聲音、存在著氣味的。從都市人們開始規律的一天，他們追求「準時」，像是「餵食煎蛋、火腿及鮮奶」、「趕車、塞車、打卡」，卻又總是不斷「錯過」，為尋求某些規律映出反諷。在次段，諧擬「黑格爾」、「康德主義」所反覆辯證「真實」的存在，刻意誤譯之下，這樣的人生彷彿也似是而非，但卻也積非成是－那裡的人由於太規律而讓自己變得晦澀不明，形成統一的「鼠灰色」，對比首段最初「湖水藍的天空」。人們尋求真理，卻也尋求悖離，終究這樣的過程造成徒呼負負的悲哀。

（三）〈春風斬〉

〈春風斬〉共七段，每段四行，除了與台灣所慣用的語法不同之外，此詩化用中國文學的典故之美，並藉多敘事性的語法以及規律的形式，以隔行押韻建立詩的音樂性。首行的「一根煙」強調時間之倏忽，「城市是一條蛇」創造空間的圖像，「游入林莽／徒剩有一張皮。」翻轉出奇的意象，從「母羊」、「羔生的小羊」連結著與下一段的脈絡，「『愛

---

22 焦桐主編，《2006臺灣詩選》（台北：二魚，2007），頁258。

情，或刻舟求劍，或用一生去遺忘』」，交與讀者補遞的留白。另外，用典例如《石頭記》的淒美愛情，杜甫《絕句》的「兩個黃鸝鳴翠柳，一行白鷺上青天」[23]，在滄絕的雨雪霏霏之刻，站在歷史的高嶺之上，以景寓情之感，並以崔護的〈題都城城南莊〉[24]及詩經〈關雎〉[25]之典，藉著愛情的思念，重新疊視現景及回憶，「輕輕的。用愛情切一隻梨。獨上高樓」，以「梨」和「離」的諧音，增加時間的重量後，皆已了然於心，而這也是愛情過程的自我內化，「『此刻誰笑，我平庸的目光便落在誰身上』」，詩裡的「目光」，代之的是時空的回收，相較過去那顆純真熾熱的心，和生活開始保留距離，終究如一口傷痕的撫平，或歸於恬淡的滋味。

三、2007 年時報新詩獎得獎作品

在決審會議中，共分兩階段，而在第一階段的投票時，評審可先針對自己心儀的作品投下「一票」，而後先刪去低於一票（依當次狀況可能會有變異）的作品，接著在展開討論以後，第二階段則以「給分」的方式來決定名次。當年決審的第一次投票出現有趣的現象，「唯二」篇的兩票作品，

---

23 原詩爲「兩個黃鸝鳴翠柳，一行白鷺上青天；窗含西嶺千秋雪，門泊東吳萬里船。」出自杜甫的《絕句》。

24 全詩爲「去年今日此門中，人面桃花相映紅。人面不知何處去，桃花依舊笑春風。」

25 全文爲「關關雎鳩，在河之洲。窈窕淑女，君子好逑。參差荇菜，左右流之。窈窕淑女，寤寐求之。求之不得，寤寐思服。悠哉悠哉。輾轉反側。參差荇菜，左右采之。窈窕淑女，琴瑟友之。參差荇菜，左右毛之。窈窕淑女。鐘鼓樂之。」

〈赴宴〉及〈海外的一堂中文課〉分別各自獲得兩位評委的支持，更巧的是〈海〉是余光中、初安民兩位男性委員支持，〈赴宴〉則獲得陳育虹及蔡淑玲兩位女性委員的投票。

獎項	作者	作品名稱	作品內容	行/字數
首獎	磊兒	我喜歡坐在你的位置看海的樣子	透過主客觀反覆的換位，營造出通感而輕盈的抒情小詩。	15/180
評審獎	林達陽	赴宴	寫人生盛宴以後的個人寂寞，寫出豐盛的喜悅與孤寂。	27/353
評審獎	嚴忠政	海外的一堂中文課	表達對中文的眷戀與疼惜，隱喻對於國家的複雜情感。	29/421

（一）〈我喜歡坐在你的位置看海的樣子〉

〈我喜歡坐在你的位置看海的樣子〉，評審陳育虹認為，「這篇抒情小詩，比中文課或馬克斯都更好掌握。題目明顯、簡單，處理得很細緻、乾淨，且有音樂感。」在詩裡，我們看到四名角色：我、你，以及鳥、魚。是一首乾淨而真摯的小詩，並透過文字簡單的鋪排，以及靈機一閃的轉折，「飛翔的鳥也跌進去海裡變成了魚」，天上的掉入海裡；敘事者「我」的目光投射於「你」，從「我喜歡坐在你的位置」便成「你正坐在你的位置上」，余光中以「好吃的冷盤」、「音樂的二重奏」來比喻，彼此主語的呼應，甚至就像「玄學派的現代半抽象畫」，來比喻，也彷彿是立體派的畫，透過通感、換位而新生的作品。這首原先在第一次投票唯一獲得三票的作品，在第二輪的投票裡，評審「決議去挑戰文學獎的

給獎精神」，並也透此期盼能喚起省思：「到底文學獎的『份量』要有多重？」

（二）〈赴宴〉

本詩從普立茲小說獎（Pulitzer Prize for Fiction）的得主麥可・康寧漢（Michael Cunningham）的小說《時時刻刻》（*The Hours*）出發，原著小說探討三個女人單獨一日的生活，那三個女人為《戴洛維夫人》（Mrs. Dalloway）作者維吉尼亞・吳爾芙（Virginia Woolf），以及蘿拉・布朗（Laura Brown）、克勞麗莎・范恩（Clarissa Vaughan），一位當代紐約的編輯，並照顧著一位遭受愛滋病魔侵襲的同志詩人。本詩闡釋了角色們面對生死的兩難抉擇與掙扎，以及所獲得的生存意義。作者林達陽可視作七年級詩人的領頭羊，他寫情詩長句的文字深具彈性，詩人以洗練細緻的文字，大量的「詞句複沓」營造出的綿密音節，如首段「穿越群聚的居宅和人群，穿越言語／穿越配樂與目光，穿越想像」，呈現出具有暈染效果的抒情氛圍，是什麼在不斷「穿越」，「穿越淘選沙石的時間」，這裡的每個語字都是被賦予生命與意義的。那是面對生命盛宴，必須面對的狂歡、已經人去樓空以後所留下的龐大孤寂，「讓失去的人失去，讓失去的人／變成透明的，願意說出祕密：／『請進吧，一切都已經／備妥了』備妥了，豐盛的孤寂／都已經備妥了」，作者在對話框的使用特色，漾出情境深化、語氣轉換的動態效果，敘事者可說是毫無動作的，選擇留白讓讀者自行去感受、去猜想，面對那場生命盛宴的體現，並透由詩語言針織出憂鬱浪漫卻

敏感的語境，面對生命的課題終究沉默，「像衣擺低低搖晃，碰著了門框／碰著門框，卻沒有發出聲響」。

（三）〈海外的一堂中文課〉

在 1990 年末期，六年級創作者是第一波可依藉網路創作的世代，到了 2012 年的現今，即便文學在副刊及平面媒介的影響力式微；許多青年創作者先在網路平台（如部落格）上發表文章，逐漸建構出「網路文人圈」，透由網路媒介，資訊的擴散亟快，卻也造就難以聚焦的反例。外界以「多元文化」為新世代寫作者註釋其特色，〈海外的一堂中文課〉恰能帶來的反思是文化書寫的必然性，「一定有甚麼索引不在故事的目次／譬如說，痛這個字、飄零，不該記住的人名……」首段寫到對於文字的想像與不足，作者的文字節制而充滿力道；於次段展現歷史的深度，「島因為被海遺棄而不再是島」表達對中文的眷戀與疼惜，同時隱喻對於國家的複雜情感，從「一個字一個字爬上陸地」到「像小小句點」，由台灣的特殊時空因緣出發，「在我的島」可喻為「台灣」國土、也可指涉「個人」或一種對海外學生學習中文的皈依與傳承，但這些文字發展的階段，卻也可能「貌離神合」。接著，在三、四段裡，敘事者將話口朝向「你」：「你用中文寫作嗎」、「你如何翻譯我的細微」、「你的筆尖遊走在誰的乳房與蛇腹」，透由中文的書寫、轉譯、到「親密而熟練」的使用，敘事者移動視角，「譬如只有山林，獵人才能回歸自己的傳說」，說明終究必須要保有文字，我們才能持續留下屬於自己的歷史與文化。

四、2008年時報新詩獎得獎作品

獎項	作者	作品名稱	作品內容	行/字數
評審獎	許嘉瑋	我與我所知的微型飢餓史	透過「飢餓三十」活動，來講述島上的人不分族群，都是命運共同體。	29/504
評審獎	吳佳蕙	時光	從與你的感情世界，尋找存留的感情，但時光已逝，難以挽回。	29/390
評審獎	達瑞	樂園	寫愛情故事，失去作夢能力的人試圖尋找失落的愛情。	28/342

（一）〈我與我所知的微型飢餓史〉

「找一個人讓心發燙，找一件事來書寫」，因為參與了「飢餓三十」活動，成就了作者筆下的「微型飢餓史」。這首詩用乾淨的語言鋪排，將詩的目光從「填飽肚子」這生活瑣事，以詩歌抒發深刻的社會關懷。即便平民百姓，或聖賢偉人如「孔子」或「鴨母王與開漳聖王」，乃至至聖先師也是「用空腹讓生命進入哲學層次」，後兩者則「用什麼消除飯與麵最細微的尷尬」，面對這「最重要的小事」，生命與飲食脫不了關係，此時更是不必去區分本省、外省族群，南與北的居住界限。最後，「遠溯詩經與方言／父親的台灣國語是最營養的混血，母親的閩音在市場」指涉城鄉及漢文化傳承語言的差距；至於「麥當勞與M型社會的關係」，則指向現代社會兩極化的收入及「都市化」的生產結構，運用諷

喻營造稽滑且悲涼的現代情境。

（二）〈時光〉

　　〈時光〉在那一年的得獎作品中，相較而言是一首結構脈絡更為完整的詩作。面對外在時間的序次，往事之扉緩然開啓，在首段中，「睡去」、「睡緩」、「睡沉」、「睡靜」、「睡成」，接二連三的「睡」，不僅透過文學技巧的覆疊，各有不同的姿態及主語的指稱，也為了對照末段所預留的伏筆 ──「一切悄然睡去的午後」，營造出夏日之後留下的寧靜。次段中，「我」勾勒出內在空間的延展，「我於是在房間內慌忙踱步」，彷彿從往事經歷的核心伸向圓周，如「空瓶、書櫃、保險箱」，來來回回的迂迴推進，「一袋高空中的尖叫聲；一球掉落的冰琪淋／溶化如將要過完的暑假；一張被緊捏在手中／汗濕模糊的入場卷上，青春無以名狀的興奮」，在虛／實意識門檻的邊緣踟躕，以致話還來不及說完，又被其他的片段打岔；再以雨水的降臨，抓回作者的思絮。然而，那樣的「雨季」、或者與你的關係，都是那樣的漫長與複雜，「留下那把艷紅色的傘」，以承受濃烈的千言萬語如龐大的雨絲般。最終，作者透過詩作裡的表白，「但我終究沒能找尋到什麼」，記憶的「睡」和現場的「睡」，再次交疊，逼真而露骨的情感照理應該再次如前段宣洩。只是作者選擇回到「密閉的房間裡」，「隨手拿起／一把舊鑰匙，打開一只舊櫃子」，將照理應該萬絮幡飛的情絮緩然回收，「找到一個能夠藏匿起自己的地方」。

（三）〈樂園〉

　　首先在引語：「我們的部隊已撤防至停業的夢中樂園……」，採獨白的方式預告讀者。然而，在敘事者的生命裡究竟發生了什麼情事？這首詩是既是經驗的分享，也是戲劇的演出，配合作者以書信的方式，告知「敬啓者」── 那是逝去的愛情？或是面對熱鬧的青春終將散場？作者於前段以開架式的想像，僅告知「我們即將撤離」，無奈不從人願，「時間仍擱在小說折頁裡」，在充滿皺摺的遺憾之處，有著更多「未完的情緒」。於是作者藉著熟練的文字技巧，把虛開的文字將現實揉雜進讀者多面向的想像裡頭，安插進許多的角色，例如士兵、小丑、獨角獸、將軍、及魔術師。但他們的面貌卻大多是沈重、老矣或黯然失色的，將小人物的處境交織成大時代的圖景；另外，樂園照理應是閃著夢境般繽紛的色澤，在這卻是「空轉的摩天輪」、「垂危的小丑之歌」，這番的對比也似乎對襯出曾經熱鬧歡騰的遊樂場，現今僅存的寂靜與悲涼。然而，如果將寫詩看作是偉大的實驗，讀者之如受試者，透過作者並置著每個鮮明意象的散射，「人物的疲憊反映了蕭條時代」，每一意象含蘊的主題如果過度擁擠，是否如同「此刻指節沾滿懷疑之氣味」的通感，在每一階段的紛歧，是否象徵作為「詩壇代表」的評審委員，他們的費解就可以代表讀者的立場？在當年決審會議評審們一致提出「『特技取勝、文字思想混亂』、『技巧高、但有句無

篇』的警訊。」[26]，在文學獎的場域中，這個問題勢必會再三被提出及挑戰。

五、2009 年時報新詩獎得獎作品

獎項	作者	作品名稱	作品內容	行/字數
首獎	沈政男	演化	以人類演化為題，根據達爾文的理論充分發揮想像力，以採用史詩般的格局入詩。	19/343
評審獎	王振聲	等到我們的眼睛長出了樹	透過書寫歲月消逝的悲歡，不過度消費悲傷與不幸。	20/208
評審獎	吳文超	跟你一起去旅行	以「遲到」作為主題，貫串父子的互動經驗與情感，敘事與抒情闊延結合。	20/338

（一）〈演化〉

作者以仿若神話的詩作，使用長句綿密的敘事手法，不囿於當年二十行的限制，作品充滿想像，而〈演化〉是這樣開端的：「我之降生不帶奧義，在天懸九日諸神退場的紀元／單細胞奮起濁黑的海」，不僅有神話的象徵、哲學的思考，還有詩人的想法。海德格（Martin Heidegger）說過：「我們就日常生活提供出來的東西不應是某些任意的偶然的結構，而應是本質的結構。」[27]在本詩中，曖昧的詩義一邊否定現

---

26 Baboo 記錄整理，〈先行者的焦慮〉，此為「2008 年時報新詩獎評審決審記錄」。瀏覽網址：
　http://news.chinatimes.com/Chinatimes/Philology/Philology-Coffee/0,3406,
　112008111800480+11051301+20081118+news,00.html，瀏覽日期：2013年 12 月 20 日。
27 馬丁·海德格（Martin Heidegger）著，王慶節、陳嘉映譯：《存在與時間》（台北：桂冠，1994 年 8 月），頁 25。

實邏輯，「魚族以軟腹觸地匍伏上陸」；一邊重構敘述的形式結構，「盲目的行伍自此有了指針」；刻意以偕趣的口吻割裂「自我」，連敘人的生命演化，如「我能感受我思索，我有喜惡我抉擇／我必須執起另一個我，所有的我」，透過複數的我重新辯證，與他者及另一個自我表述時，呈現具有意向性的、體驗性的意識狀態。因此，在演化的過程中，「我」的意識愈見清晰，這個世界的我們勢必「繼續前行」，直至「時間遇見自己」。

（二）〈跟你一起去旅行〉

　　一般而言，父親的原型研究裡，「天 ── 父親 ── 男性」乃是父的原型，乃是此詩經歷了從血緣、人格的「鏡象」式認同到悖離、重現一個自我的過程。此詩乍看為兒子寫給父親的悼別詩，貫串父子互動的經驗及情感，篇幅雖然短小，卻是具親情的感染力。本詩以「遲到」作為主題，有著作者對生命源頭的體悟，「只有最後一個從托兒所被接走的小孩知道／房間是如何空盪下來的」，結合旅遊詩的移動空間觀，現實與記憶中交疊的風景，卻產生辛酸的感受：「再次對天鵝湖堡和黃石公園爽約／完全是從前，慣常遲到的模樣」。和父親間真切的生活經歷和情感履歷，敘事流淌在難以言說的深厚情感以及生命無常的喟歎，「冒失撞上翹翹板（時間又有了高低起伏，／溜滑梯滑下懸宕已久的快樂呀呼）／然後我們大手拉小手，去夜市吃雙色蛋炒飯」，以「翹翹板」和「溜滑梯」象徵著時間與情緒的跌宕，心裡的歸宿卻不再是難以自己的悲慟，卻室內化成溫暖的感受，「一千朵向日

葵同時盛開，阿媽的笑臉」，試圖在個體生命的旅程上積澱沉思，試圖從作為一個「父親」的角色重新出發，「讓我的大手牽著你，像老早說好的那樣，一起旅行」，對於生命與親情所閃現的一線光輝，發掘出對於生命體悟的獨有魅力。

（三）〈等到我們的眼睛長出了樹〉

〈等到我們的眼睛長出了樹〉從首句至末段「直到歲月從我們的眼睛裡／長出了一顆樹」，可以看出此詩對於歲月的悲歎。順著詩的脈絡，在首句「窗是家的眼睛」以後，「往外看見」是「踩著單車的旅人」，「往裡面看見」是「歲月的塵土不斷的堆積上升」，並非抽離現實的囈語；接著運用流動的動詞「淹沒」，以斷裂的字義重新組合成超現實的隱喻，否定自我在時間流中的存有，「淹沒了拖鞋、椅子、桌子／淹沒了我們的胸口／淹沒了所有生活過的痕跡、爭吵和笑」，所「淹沒」的都是屬於日常生活，使得本詩句有急促的節奏，以音樂性帶出時間性，呈現意象客體的展開；接著，「淹沒了家的天空」，透過詩行緊密並置行頭的排列，終於「我們開始有點瞭解」，但所面對的現實卻是「我們就這樣被埋在一片黑暗裡」，令人唏噓再三。

六、2010 年時報新詩獎得獎作品

獎項	作者	作品名稱	作品內容	行/字數
首獎	許裕全	Fistula	題目用外文，隨即加註，實因這一原本陌生的外語詞如原本陌生的病痛，是母子連心的聯繫。此詩寫親情、寫病痛，寫得平易而不落俗套。	30/330
首獎	楊書軒	桃花源·2010	本詩用諷諭的筆法，結合社會現況；題目雖為桃花源，卻寫這個意義的反面，提出省思。	30/641
評審獎	方路	父親的晚年	具有如畫、如劇的效果，四首組詩；從面對已故的妻子到哥哥在水邊上吊的往事，父親從冷眼面對生死到頹然跌坐。	30/254

（一）〈Fistula〉

　　本詩題目用外語「Fistula」，作者也隨即在詩末附註，意思為「動靜脈瘻管，母親洗腎之人工血管通路」。香港詩人廖偉棠曾經寫過，「我們寫，寫不過生活。」[28]，剛好也可以對應這篇「寫生活」的詩作，作者在第四節似以「不朽的蠶豆」暗指腎，以母親洗腎的人工血管，作為母子血親的連繫，透過平易卻不落俗套的比喻，「母親 60，一甲子的身體剛剛好／可以拆卸成各個部首／收編入疾病的藥譜」，寫出母親面對病痛的艱苦，而詩名畫龍點睛式的製造出歧異的

---

28 廖偉棠，《苦天使》（台北：寶瓶，2005），頁 88。

聯想。「超現實的朦朧、象徵式的高度意象的語言，正好適合我們，把一切社會的意見和抗議隱藏在象徵的枝葉後面。」[29]或許我們也可從作者〈文字療癒生活〉得獎感言的標題，看出這首詩的所指：「家裡有兩副輪椅，兩個老人家，一個瘓一個癱，兩人同時洗腎，上下起落都需要大力的擁抱。」

（二）〈桃花源・2010〉

　　隨長詩句的行進，作者重新凝視那最初的文明，「『凝視那河』，父親說。」詩是這樣開端的，「但父親死後已無人」借喻表述者所意識到的「物」的「不在場證明」[30]，但面對某些外在物象，內心深處卻仍彷彿與父親共存於相同縱深的時空之感。詩的內容結合社會新聞，越過文明的剝解，到地產主炒作土地價格。「桃花源」原意是「理想國」，作者以「我們穿過，浸洗，各自追尋」表達身體本身具有時間所積累的經驗，理應是「桃花源敞開平原的雙臂／迎接浪子。遠眺母親的故鄉，稻已熟黃，海風捲起金色的穗浪」。但〈桃花源・2010〉刻意反諷美麗土地的喪失，「渡假村」、「異國的旗子」都紛紛建立於此，並「貼上出售的標示」，曾共同在漁業工作的大哥，現在已是「儼然拉風的房仲經理」，那一切最初的美麗卻成為逝去的往日。

29　瘂弦，〈現代詩三十年的回顧〉，《中外文學》9 卷 11 期（1981 年 6 月），頁 146。
30　沙特（Jean-Paul Sartre）著，陳宣良等譯，《存在與虛無（下）》（台北：久大，1990），頁 384。

（三）〈父親的晚年〉

　　在近年進入決審的作品中，對於內在挖掘及記憶掏洗的作品明顯多了，尤其是對於親人悼亡或病痛的詩作。〈父親的晚年〉以分作 a、b、c、d 四段的組詩，從家庭敘事凸顯了孤獨的身體經驗，從小我的生活史觀照那個時代下的歷史意識。在 a 段，「父親徘徊在母親雙穴墓前／以爲自己是一尾遠方蛇」，面對溘然長逝的妻子，內心的悲慟已不由分說，所有的畫面都是帶有冰冷的感覺，默默地看著「碑石」、「遺像」以及「刻好」的生辰；到了 b 段，「推著腳車到祠廟上香」，嘴唇上叼著的煙，應對前段「香爐點著去年的煙」，面對時光不斷推進，與記憶如狂潮般反撲而來的夾擊，「父親的晚年如一頭緊跟在後的無尾狗」，喪頹地懇求觀音「時光寬恕」；在 c 段，出現了另一個家庭的角色，「到井邊提水」卻驚見「哥哥在枝椏上吊」，「把心事盛在水桶飽和落寞中」交映「落了滿地葉／凹下去的單瓣唇」，以水滿水乾表現時間的具象；到了 d 段，父親「像狗冰涼的鼻尖嗅一嗅墳邊野生菇」，與距離墓穴的距離已然拉近，「墓前眯了眼打瞌／點一根煙」的父親，「構思暮色如何掩蓋晚年如蛇巢的／雙穴腹」，靜肅地面對留下的晚年。

七、2011 年時報新詩獎得獎作品

獎項	姓名	作品名稱	作品內容	行/字數
首獎	陳宗暉	地圖作業	通過老師規定的地圖作業展開陳述，溫柔的批判，敦厚的控訴，召喚一種歷史、土地相糾結的情感。	30/570
評審獎	林禹瑄	對坐	有深刻關係而牽扯的雙方，對峙與對望，饒有意思的感情表達。既寫二人世界也寫出兩岸政治的敏感。	30/345
評審獎	陳昌遠	試著變得矯情	作者看似談愛情，實際在論文學寫作，並贊同作者坦白面對自己的矯情。	29/293

（一）〈地圖作業〉

　　「今天的作業是畫地圖。老師說，要畫出你家附近的地理與建築」，作者是這樣開頭的。但他們在完成這項功課時，卻遇到了一些挫折，因爲他們無法順利畫出。爲什麼不能畫出呢？因爲「對岸有比樹還高的樓房，圍著大漁網的高爾夫球場，晚上都會／天亮；旁邊的工廠越晚越像機器人」，他們的部落，遭到天災璀毀，被文明破壞。但作者並非用悲憤的情懷指著現場去作抨擊，而是面對當下眼前土地的認知，產生情感的糾結，「你住在我家對岸，怎麼沒有畫我家？」，「那裡都是草。我光是畫我的運動公園就畫到快睡著」；地圖又是一種宣示權力的方式，既是用抒情的語氣、又是用時光的蒙太奇跳接，〈地圖作業〉巧妙的透過對話框所補述的輕輕力道，以原住民的立場來敘事，爲部落發聲。

（二）〈對坐〉

　　林禹瑄在大二時便已出版個人詩集，擅以輕靈舞動的語句，爲每個意象找到渲染情緒的位置。在〈對坐〉中，她用「彷彿我們對坐兩岸，聽見生活／發出龜裂的聲響」，寫的是曖昧關係的雙方，彼此是對峙，也是對望。回想感情的開端，「如開始一趟計畫過久的旅行／發生所該發生」，但隨著感情的淡化，大多的時間是「保持緘默／彷彿我們對坐兩岸」，頂多話題裡多半僅爲圍繞著「談論天氣與愛情、晚餐與饑荒」。這些都是情感的轉折與迴旋，作者先是拆解時間的循環，一方面辯證時間的存有以及我與人、事、物間的時空位置，是一種非常細膩的情詩。

（三）〈試著變得矯情〉

　　藉著辛棄疾「愛上層樓，愛上層樓」及「爲賦新詞強說愁」的典故，爲這首詩作添上幾分中國文學之美。這裡所謂的「矯情」，是爲了要寫出一些東西；所以創作者必須誇大故事，「不說點謊就得不到愛」，乃爲了博取更多的目光，更多的「讚」。然而，「彼時，我們的文明存儲於雲端」寫出網路創作的現象，也顯示新生代創作行爲對於觀衆即刻反應的行爲的雙向關係。

八、2012 年時報新詩獎得獎作品

獎項	姓名	作品名稱	作品內容	行/字數
首獎	波戈拉	造字的人 ──「文明，始於兩人之間的細節」	寫戀情與戀人，寫情愛的架構或架空，層次清楚，理路環扣，特殊標點而造成獨特的氛圍。	39/356
評審獎	阿布	致死者	以生者對死亡的無法或不忍面對，對照死者看透世事的反覆無奈與冷酷，在一切放下後，終於與大地合一。	39/394
評審獎	陳胤	我的詩跟著賴和的前進前進	據「賴和詩牆」上的名作〈前進〉，展開對這時代的文化底蘊，反覆探尋與追問，一面深深慨嘆詩與公義的式微。	41/689
評審獎	張英珉	與達爾文對談	如環境保育的題材，透過段落的鋪陳，營造出兩端對於生命有哲思的問答。	40/692

（一）〈造字的人 ──「文明，始於兩人之間的細節」〉

　　本詩以繁而不亂的意象，用「小問號」叩問「大問號」，層層叩達、推敲，永無止境。值得注意的是在前文已經說過的，波戈拉是一位善於佈置「物件」來傳遞情感的詩人，「滿滿滿是孤單的贋幣。／我們甚至處於。隨時／斷滅的危機。／我是。鎢。／是因為愛而引致的。憂慮的金屬。」透過在文學中罕見的詞彙，進而發想製造出語詞歧義的交互關涉，交與讀者完成補遞的空白。另外，也透由斷句的巧妙，「我

會離開「無」的孤寂，／視你爲「一」，／或者是你唯一。／
我們。」這樣營造特殊標點的結果，或許會讓人覺得值得商
榷，但也可能讓這此的評審認爲他創造出獨特的氛圍而獲得
肯定。本詩裡頭，他寫戀情、寫愛人，或是也可以解釋與自
然相處的共生以及矛盾的關係。最終，他是這樣結論的，「所
有『他者』的團聚，終又成形／『我』的孤獨。」造字的人，
終將回歸孤獨，回歸到最初來到這世上的狀態，一個人來，
一個人離開。

（二）〈致死者〉

作者開門見山的直指主題，「活著的人買了一塊地／藏
匿死去的人／發明一種讓大家哭泣的儀式／叫做葬禮」。透
過回憶的攀沿，展現多重情感的緊怯感受，使用旁觀者的角
度，將「死亡」看成是一種過程，「發現自己日益腐敗的軀
體／取悅了眾多螞蟻」，並且肉體也逐漸消失在這世上。然
而，這首詩最大的亮點就是中段，話鋒一轉——「死去的人
在黑暗中睡了很久／遠比活著的人清醒」，而活著的人「依
舊傾壓活著的人／有些人被壓到地底再也無法起身／就被當
成死去的人」。原本應是面對死亡的哀傷，看到世事的現實
與殘酷，對照死者超脫的狀態，「連肉體也不復存在」，活
的人竟是如此淒苦，以一種看透世事的態度，重新看待「死
亡」這件事。

（三）〈我的詩跟著賴和的前進前進〉

從歷史來入手，易於勾起讀者的時代記憶，但也因爲有

許多人曾寫過類似的主題，容易流於浮濫。「前進」一語雙關，除了向前邁進以外，指的也是 2002 年彰化縣政府設置的裝置藝術「賴和詩牆」以象徵彰化市的入口與文學地標，上頭鏤刻的就是他的散文作品〈前進〉。詩題〈我的詩跟著賴和的前進前進〉就能感覺到賴和引導整個時代前進的動態感，在詩首句，卻是寫「我的詩在風中搖曳，如花欲墜／黑暗是來自地底的黑暗」，也是由於在 2011 年，這面賴和詩牆被遷至八卦山上，它用「某種駭人寂靜穿越死神眼瞳」，在寒夜的山巒上，「在八卦山的嚴霜中咬牙」，無言孤瞰這座「夜夜笙歌的城」，底下的百家燈火，好像「默默的送葬隊伍」。「伊默默，如失聰的聽診器」也譜寫出賴和雖貴為新文學之父，生後的命運也始終坎坷，靈位數次被遷移，就像這個命運不斷翻轉的島嶼，但作者仍然抱著期許，「詩會自己睜開一個眼／拉著我前進，前進，直到曦光自地底／緩緩升起……」

（四）〈與達爾文對談〉

達爾文，代表的是自然選擇的生物進化與存滅的理論。與當年「聯合報新詩獎」的〈寂寞喬治〉都選用當年同一新聞事件來入題，沿用那隻滅種的烏龜當做主題：「最後的寂寞不需再言提／終於將千萬年的龜步，爬成了傳說」。而較不同的是，本詩納入了達爾文，「達爾文說，每種生物都是一座島嶼／自演化的板塊碰撞之後，各自碎裂分離」，本詩從外來者的登島，寫海岸的故事，「海流總是帶來擱淺的船與迷航的水手」寫的不只是那隻塔平島龜，寫的也是人種、

性別、族群的議題：「達爾文說，生物成爲板塊碰撞，碎裂的島嶼上／各自展現光滑或是粗糙，鮮豔或是低沉／不同的體型、花紋，或嘹亮的歌聲」。

九、2013 年時報新詩獎得獎作品

獎項	姓名	作品名稱	作品內容	行/字數
首獎	張繼琳	舊石器時代	作者以精確、機智的現代語言，諧擬了遠古人類的生活與心智，其實也暗喻著現代人類與這些茹毛飲血的老祖宗共有的野蠻、情欲與巨大潛能。	67/921
評審獎	涂宇安	機心宇宙	語言精煉，隱喻意象晶瑩剔透。	68/770
評審獎	蕭皓瑋	青春自述	〈青春自述〉整篇不分段落，以成串問號質疑、省思同世代年輕人。詩中以誠懇、抒情的語調柔化十多則緊迫的提問。	54/663

（一）〈舊石器時代〉

「我胡言亂語，讓舊石器時代又延續了數百萬年……」本詩連結遠古以及現代，經過作者進行刪修以後，從上百行的詩作，濃縮出這部隱喻人性觀照的作品。作者與 2013 年聯合報新詩獎的首獎得主都並非是頭次獲獎，但他們皆以不同的特色吸引到評審委員的目光，比較〈穿越葉間的名字〉從母性的角度以及淺近的語言，易與讀者取得共鳴；本詩則是同時譜畫出多項象徵與寫實的景物，交摻之下引起讀者綺想。然而，本詩是以較爲人性、文明等龐大的主題來處理，

詩作的好壞是見仁見智，但也可以讓讀者作爲思考的是，不論是這樣增長行數的新詩競賽、或是敘事詩比賽，對於創作界的影響是好？是壞？而同爲創作者的我們，又如何能夠突破行數的窠臼，藉由這樣的獎項，激發出自己不同的創作潛能。

（二）〈機心宇宙〉

作者引用莊子的〈天地〉與海德格的〈科技的追問〉兩文，在詩中產生單向或雙向互動的試探，經由多項意象的交疊，「所有的臉都是齒輪／所有的齒輪都是都市的器官／而所有的都市都充滿了鋼釘」，能夠看到從建設、人的表情等，種種所營造出現代都市機械化的氛圍。在讀者思緒遊走之際，使得詩作更加耐人尋味，將詩的力量正中生命的交疊起伏。

（三）〈青春自述〉

此詩以多個問句成形，從首句「爲何我們不擁抱／摸索青春期的身體，讓枝枒生長」、次行「爲何我們不讓葉梢／承受一整個時代的暴雨」，我們看到一位有爲青年質疑世界的定律是否是正確的？是否能更好？並懷抱著雄心，想要爲這個世界改變些什麼：「讓時間燒黃你的臉孔，眼睛／展開一張悖反的星圖」。然而，這是一則青春的宣言，也是面對現實世界的嘆息，「只有一種詮釋，像每一顆雨水／都在宣告一整個時代／暴雨的來臨」，面對自己認同的主張，想必將來作者也會進而用實際行爲，來實踐這些主張。

第三節　林榮三新詩獎得獎作品

一、2005 年林榮三新詩獎得獎作品

獎項	姓名	作品名稱	作品內容	行/字數
首獎	李進文	潛入獄中記	本詩以台灣新文學之父「賴和」的生平事蹟作為主題，從與文本的再對話，寄寓六十多年後作者面對的社會問題。	50/1,016
二獎	凌性傑	La Dolce Vita	是一首情詩，處理「日常生活」的事物，充分透示「愛、平靜、謙恭」。	46/577
三獎	林琬瑜	尋找未完成的詩	在標題下的引語先摘自辛波絲卡的詩〈寫作的喜悅〉，從不斷的隱喻帶領詩人尋找詩的關注，是一首哲思詩。	39/735

（一）〈潛入獄中記〉

　　首屆「林榮三新詩獎」在鼓勵臺灣創作者的宗旨下，並配合《自由時報》的媒體傳播力量，收件數破記錄地徵求到 1,222 件詩作。而在這麼多件的詩作中，又是什麼樣的作品才會脫穎而出，引領文壇注目，而最終由三位都曾拿過《聯合報》、《中國時報》兩大報新詩獎的詩人掄元。

　　李進文以 50 行的中長詩，揉合敘事與抒情技巧，在「賴和」作為主語的帶領之下，與賴和的〈獄中日記〉產生互文

性的對話，並使用台語方言讓詩語言更加可親，例如談到「網路」要如何用台語解釋，在詩裡則有充滿妙趣的回答：「春花 —— 夢露？茫茫兮路？拐斷我的耳孔毛！」。敘事者藉由和文本的再次對話，「八字鬍吹出的口氣像魯迅」引出〈潛入獄中記〉以台灣新文學之父賴和的生平事蹟爲題材，例如賴和的醫師身分，「『我竟然是醫生……』你哽咽地說」，以及有醫師身分的他，面對這個時代的困局裡昂然挺立，「你必須以筆、腰桿和手術刀挺著……」，又或引用筆名懶雲及其主編報紙的經歷、以及《一桿稱仔》的作品成就等。在這樣的虛構的互動中，我們看到的這個「獄」，已經不只是日治時期控制思想的監獄，面對時代變遷，網路、漢詩、台語、小說、信札與文獻不斷變異，它同樣也象徵現今我們對於國家認同的糾結；在詩中它甚至指出受到壓抑的每個時代、所面臨的歷史皆爲「獄」，「帝國主義怎樣？你睡得好最要緊。」作者藉由與文本的再對話，寄寓六十多年後的我們所面對的種種社會問題。

（二）〈La Dolce Vita〉

〈La Dolce Vita〉，一首乾淨的抒情詩，同名標題則在副標說明爲「甜美的生活」之意。此詩充滿異國情調的語言，「讓脣齒輕輕開啓威尼斯與天空」、「那是整座佛羅倫斯，文明的天氣」、「蓋一棟房子叫巴摩蘇羅，意思是／思慕太陽。哪裡都不想去了」，讓詩瀰漫著浪漫而神祕的氛圍。在你／我兩人的交集或差集的生命，收束成生活的小零件，「這時候如果沒有我，你要去哪裡？」乾淨的抒情節奏彷彿幸福

的韻腳，交錯彈奏在從現在到達對未來的承諾想像間，那樣的行中韻雖然平實而簡單，透過平實的語言、平時的生活，「讓世間萬物安安靜靜／各自找到各自的房間」，是一種「美好的抵達」。

（三）〈尋找未完成的詩〉

　　林婉瑜的〈尋找未完成的詩〉是一首哲思詩，在標題之下摘引辛波絲卡（Wisława Szymborska）的詩作〈寫作的喜悅〉，「被書寫的母鹿穿過被書寫的森林奔向何方？／是到複寫紙般複印她那溫馴小嘴的／被書寫的水邊飲水嗎？她為何抬起頭來，聽到了什麼聲音嗎？」於是作者就將敘事軸從「被書寫的母鹿」來到「被書寫的森林」，敘事者「我」跟隨著火光、聲音，「跟隨鹿的足印」，反覆出現的隱喻是一個記號，企盼帶領詩人尋找對於詩的關注。於是詩人重新認識世界，「時間，曆法與季節；天，／日月，鳥以及飛行。」從「曆法」、「季節」的限制裡，又以想像力突破時間的倫常，「在一首詩的長度中經歷一生」，又或是「天空」與「飛翔」解構這二元反詰的限制與突破。作者以別致的技巧及實驗性的長句，引領讀者參與這場文字降靈的遊戲，「被書寫的母鹿領我來至被書寫的森林，學習／廣袤世界更多陌生部分。」重新鑲嵌各自所比喻的意象，書寫仿若生命與時間的共相與殊相，在有限的生命裡，是「每一筆畫的堅定／眼淚般的墨水，墨水其下的眼淚；我記得鹿／和她的足跡」。

二、2006 年林榮三新詩獎得獎作品

獎項	姓名	作品名稱	作品內容	行/字數
首獎	陳思嫻	卓瑪嘉因	從西藏的喇嘛卓瑪嘉因的事蹟結合想像的對話，本詩為歷經高壓政權欺壓下的人權發聲。	50/929
二獎	甘子建	玫瑰的名字 —— 致所有在女書溫暖庇護下生活的女子	從「江永女書」的典故，結合女子的成長過程，透過神祕的傳說，展現出孤獨而美麗的氛圍。	46/824
三獎	張英珉	阿巴斯還沒醒來	從以黎戰火受害的嬰孩顯影中東世界糾葛的戰火及命運。	39/567
佳作	若驩	可口樂園	從童年豐沛的夢想與快樂，到成人悵恨而無奈的感嘆。	41/408

（一）〈卓瑪嘉因〉

在首段，點出時間、地點、角色的背景：「西元 1977 年」、「容易被陽光灼傷的雪域」、「歷史老師」，以敘述性的處理，次段用「我」的視角切入生命的信仰，「正當我在想像的路口裁下一張年輕喇嘛的臉孔」，這首詩講的正是西藏喇嘛卓瑪嘉因的故事。讀者跟著「我」的腳步，走入再平常不過的上課教室，在這裡加入了新角色 —— 學生，那學生可能他與過去的自己對話、也可能是為預想讀者朗讀虛構的故事，而展開如夢囈般的對話：這裡頭我們看見作為核心主題的「死亡之樹」，聽見祖父的叮囑與飄零，「殘缺的文本越過幾塊島嶼，巨浪掀起多種語言的爭執／繞出舌的海岸

線」。語言向來與種族、主權息息相關，在多種語言的爭執
裡、幾塊島嶼的隱喻，正是族人歷經政權欺壓而禁止在課堂
中教授藏文及多舛命運下的無奈身影。這樣的知識份子儘管
因為妻子自焚事件，被政府當局以「殺妻焚屍」的理由捕捉，
大眾仍相信他是正是理念及種族的信仰而遭受文字獄，「在
獄中不幸染上肺結核」、「槍桿還是撬開了抽屜，卓瑪嘉因
被帶走」則述寫他在獄中眾說紛紜的情況，引起族人與國際
媒體的關切，儘管時至今日仍沒有後續獲釋的消息，但大眾
仍引頸期盼著他正式獲釋，乃至藏人獲得自由的那一日。

（二）〈玫瑰的名字 —— 致所有在女書 溫暖庇護下生活的女子〉

　　「一位嘴裡同時含著玫瑰和家庭的老天使　陪著我誕
生／從此我便獲得玫瑰的名字（並分出美好的枝芽）」，以
「玫瑰」作為「女性」的意指（signified），而那「名字」、
那「美好的枝芽」指的也正是呈長菱形，字體秀麗娟細而奇
特的「女書文字」。由於中國傳統婦女深受歧視與壓迫，而
「承受暴雨擊打在身上的語氣」，指的就是傳統女性在衣物
上訴說衷腸的編織、或是「歌謠」裡的歌詞。「女書」又名
「江永女書」，起源於中國湖南省南部永州的江永縣，乃專
門給女性使用的「標音文字」[31]，相對於「也曾被一雙大手
草草書寫過／（書中總是矗立著太多陽性的詞彙）」，是男
性的他們「所不懂的語言」，至今最早能見到的是清朝太平

---

31 標音字指的是每一個字所代表的都是一個音。

天國時發行的「雕母錢」，在文革期間被嚴重破壞，女書正瀕臨滅絕，到了現在許多人重新回溯去研究女書，「反覆辨正許多女字的部首　怎麼被以後的倉頡們給誤解」。〈玫瑰的名字〉用涓麗的姿態，娓娓訴說女子的誕生、初經、成人等緩緩成長的過程，即使充滿著孤獨，卻是神祕而美麗的。

（三）〈阿巴斯還沒醒來〉

〈阿巴斯還沒醒來〉並非是用英雄人物來大力鋪述。全詩共分五段，前三段句首皆以「阿巴斯還沒醒來」開頭，首段從他繽紛的夢境慶典，例如從「傑克魔豆」、「辛巴達」的故事起源到「地中海風」、「阿拉伯奶水」所營造出愉悅的異國情調，在次段開始展開以色列、黎巴嫩兩國時常緊張關係的描寫，在該地已出生的孩童練習的不只是「爬行」，而是練習躲避戰禍的「匍匐前進」，「防空警報」、「防毒面具」都早已成為家常便飯的玩意；在第三段的阿巴斯——一個九個月大的嬰兒，他不了解為何以、黎兩國在歷史上會不斷的烽火連天，「讓兩千年的遺憾填滿地中海」。就時間而言，乃與台灣特殊的歷史作恰當的呼應，就空間而言，則是與真實的結合，寫出社會的殘酷與黑暗，正視現實的缺陷，反照壓迫者在社會關係上的貪婪、狡詐。在《觀看的方式》一書，講述「優越者」與「從屬者」的視野關係，前者為了建立自己的威權，讓後者更肯定前者的地位並非一般人，以封閉的胸襟格局看待異端文化，將對方看作是從屬者的角度，這是一種視角；而另一種視角則為帶有包容性的視界，擺脫以自己為中心的觀念，反觀自身及其文明的缺憾產生綑

懷與反思[32]。第四段寫的是夢想的未來，「如果美夢能醒／我們要知道未來一片安詳如光」，那麼槍聲、炸藥、難民營、葬禮等物件也都不需要，但殘忍的事實是「阿巴斯還沒醒來，童話不會成為神話」；在末段，「雪松旗」並非單指黎巴嫩國旗，在每一個國家也都有著國族間的衝突及戰火，從以黎戰火受害的嬰孩顯影，累疊出的視角反映中東世界糾葛的仇恨與烽火並不會停歇，本詩提供一個國際的觀照與視野，讓人不禁再三沉吟反思。

（四）〈可口樂園〉

　　〈可口樂園〉是一首容易親近的詩，分作「可口的樂園」及「封藏的時間」二組；「之一　可口的樂園」以孩子作為說話者，起因為「父母帶我去可口樂園」，在「可口奶滋工廠旁的空地蓋成的樂園」抒發童年豐沛的夢想與快樂，即使那裏「除了涼亭和噴水池以外／其實什麼也沒有」，只要「吃著可口奶滋　卡滋卡滋」天真而簡單的快樂，好似在天空中飛翔的「蜻蜓」般自由自在。然而那些快樂到了結尾，就是「從後照鏡也能看到的豐饒年代」，以「後照鏡」喻為「過去的時光」已經消逝。在「之二　封藏的時間」，「我」成為了大人，卻徒有惆悵而無奈的感嘆；「當我回到可口樂園」，已經物是人非，「涼亭」、「噴水池」的景觀似乎依舊，但餅乾滋味的不同、景觀的殊異、資本主義的進入，都是象徵社會變遷後的變遷。這樣的「我」，「遠遠站在樂園的門外」，

---

32 引言及附圖皆出自：約翰·柏格（John Berger）著，吳莉君譯，《觀看的方式》，第 2 版（臺北：麥田，2010），頁 116。

好似完全回不去那樣的時代，從活潑似好奇無限的長句，忽轉為錯愕而欲言又止的短句，在詩裡流暢的陳述裡，雖然音聲優美，卻是百般的不勝唏噓，最後敘事者也只能「帶著我細細封藏的時間／消失在我的可口樂園」，保護剩下的那些曾經美麗過的回憶。

三、2007 年林榮三新詩獎得獎作品

獎項	姓名	作品名稱	作品內容	行/字數
首獎	吳國源	我的愛人總是回憶不起來	以「我的愛人總是回憶不起」作為基調，讀來有綿綿之情的淒美情詩。	49/570
二獎	何亭慧	不存在的夏天	詩中的說話者(一名在都會工作的女子)，透過想像將記憶的夏日美景搬來身邊，使枯燥單調的活充滿樂趣。	50/557
三獎	鴻鴻	我現在沒有地址了	引介革命的典故，美化對此的憧憬，也表達任何藝術創作所暗含的革命本質。	34/420
佳作	凃妙沂	她們正在穿越生命的河	按照生命發展過程的階段，從老師、母親、男人的敘說，最後到「我」的發聲，建立女性自我主體的身分。	42/410
佳作	許芳綺	過於巨大的名字	透過單親家庭孩童的身心剝離及認知錯亂，窺見在身分認同的過程中，重新找尋到自我及自由。	379/44

（一）〈我的愛人總是回憶不起來〉

與題目呼應的首句「我的愛人總是回憶不起」作為本詩基調，從長短句間歇運用的修辭，擅於選取日常生活的意象；

有時「睡著，仍醒著白日的武裝」，有時「醒著，卻睡著夜晚的惡夢」，對比鮮明的詞彙不斷提昇讀者印象，也說明在戀情時的甜蜜之背後亦有的擔憂與壓抑，對襯出次段開頭所用的那面「窗戶」之外，所象徵的一片廣闊、包容的天地。在次段首句「我青梅竹馬的愛人總是回憶不起來」，時間的設定已逐步帶有距離感，「我的愛人是不是可以靜靜地睡著」，「像二十年前一樣／她磨牙的聲響彷彿正在啃囓花生糖」，作者以素淨簡單的文字，進入懷想式的情境。有些是甜蜜的，「丟給我一隻章魚黏稠的擁抱」作者對於細節的重視可見一斑，「我的愛人總是凝視那個／她永遠到達不了的遠方」。亮麗的回憶是否在真實生活中能夠重現？「小小的燭火／照亮我們心底貧窮的村落」，從年輕戀人的純真羞澀、熱戀，到彼此承諾的海角天涯，「岩礁仍像跪了天荒地老的頑固膝蓋／向大海乞婚，索討沒有承諾的承諾」，是否最後有開花結果，作者沒有給予直敘的答案，透過漂流的「檜木」，重新吟唱起每個人心中都曾對於純愛的尋找之歌。

（二）〈不存在的夏天〉

〈不存在的夏天〉讓詩裡的敘事者──「我」，透過想像力將夏日美景搬到身邊，這是「現實、心境、與想像交錯進行的詩作，寫出了都市人對夏天的真正感受。然而何以夏天會不存在？」[33]在詩首句，「夏天還不夠靠近／（我背對著海，感覺浪隱隱襲來）」寫出夏日的刺探及蠢蠢欲動。主

33　白靈，《2007台灣詩選》（台北：二魚，2008），頁192。

述者「穿過搖晃的人群步出捷運」，移動到辦公室，「坐在
這炎熱的盆地，恆涼的辦公室／肩膀偷偷背兩座海洋／邊潤
稿，翻譯陌生國度的日常，邊仰泳」一邊忙著工作，一邊「吐
氣，換氣」，忙著尋找喘息的空間，「在岸邊歇息」。但是，
在大廈叢林「密築鬱蔭」，著實很難去感受季節，好似「背
對著海」、「背對縱谷」、「背對世界」，在玻璃帷幕裡的
「我」，是很難去參與這個季節裡大自然所舉辦的慶典。百
無聊賴之下，「因為百合純潔的呼求，天空射下錐心的箭矢」，
這可指涉為夏日午後的陣雨，又或者是作者由紙筆遊戲所想
像而來的。其前後者的視覺想像好比一顆顆繽紛的膠囊，時
而閃現苦甜滋味的幽默手法與嬉遊本色，例如作者也可以這
樣子展開，「滿山的金針花田，橘色／／綠色，飛鼠，黑熊，
斑蝶／我被瀑布淋濕，在岩石上／曬乾我的長髮」，就好似
生活在這虛實交錯的社會，在都會裡所遭遇的人際支離、荒
漠與焦慮的特質，不禁令人臆想，到底什麼空間是真？次節
首行的「打卡鐘的彈簧躍起」即刻拉回目光，就在這裡，我
們可以察覺到的就是 —— 距離，所謂「距離」，除了從「空
間」觀之的物理距離，另一種距離即為時間的流逝、位移，
如「夏天即使被遺忘也仍是一團火焰」，逐漸收攏的夢想，
在生活中擺盪以後，重新回到生命裡，但那團嚮往的火光已
在讀者胸中熊熊燃起。

（三）〈我現在沒有地址了〉

　　法國作家安德烈・馬侯（André Malraux）有著傳奇的一
生。他是一名文人，不僅曾擔任法國的文化部長，而且也加

入過抗德組織，象徵著他追求自由的理想。詩名以及不斷複沓重現的詩句——「我現在沒有地址了」，便是緣起於安德烈・馬侯加入地下反抗運動以後，在書信中給朋友的話語。也由於是參與地下組織，常以游擊戰爲主，「我要去街角戰鬥」，街頭便是戰場，而敘事者「我」踏入烽火殘留的土地，「那從未被雪覆蓋的街道／現在給履帶的壓痕佔領了」，「我」走訪那些不同文化相互衝撞的國度，一路從歷史轉角走進現代社會，「我會在超商的倉庫、劇院的樂池、報紙的／分類廣告裡／書寫戰帖和情報」，持續作爲一個社會運動者，號召同伴來衝擊正統，用詩去觀看世界，以「麥當勞」、「銀行」作爲「資本主義」的標誌，表達對反資本主義、反帝國主義的憤慨「我要在推土機前倒立／我要在屠宰場外唱歌／我要到海關奪取護照和各種錢幣」，「寫信給我」就會到「麥當勞」、「銀行」去「行搶」。同時以詩人的感性悼念革命與戰爭所留下的世界，以及「生命裡只有地震和秋天的人」，並且「帶來空幻的希望」。最後，藉由挖掘社會問題，拋出議題引領讀者去重新思考，並廣邀下一位願意和這傾斜的世界抗衡者，「但我沒有地址了／寫上你自己的吧」，詩人鴻鴻以詩爲利器，針砭時弊。

（四）〈她們正在穿越生命的河〉

時間是流淌的，一如作品中「生命的河」，穿越生命發展的進程。〈她們正在穿越生命的河〉語言直白自然、形式工整，以交疊他人的敘說，如「老師說」、「母親說」、「男人說」，最後回到「我說」——自我發聲來建立自我的主體。

在詩作中，從「老師說」，「有一天妳會離開府城去旅行」，並「將自己化做一株先驅植物」到「母親說」萬般不捨的叮嚀，把家喻為代名詞，象徵從「播種」到「發出綠芽」，記得「種子撒在我看得見妳的地方」。隨著人的蛻變，「男人說」的出現，又可看做是一個動詞，人與家庭隨之跟著改變。最後，終於蛻化出「我說」，那粒種子最後「開花結果」，並且在詩句裡尋找到屬於自己的天空，「我想跟著一粒種子去飛翔」，「把種子撒在他們看得見我的地方」，承接末段，作者拉出的另一個新夢想，「種子們正在奮力發出綠芽」，勇敢面對人生，面對時間巨流的來襲。

（五）〈過於巨大的名字〉

此詩對於家的傾訴，所延伸出的情感風景，可說是最普世的主題，但也是最難書寫的。本詩塑造家常感，例如「等一下那個女人／名字叫媽媽的那一個牽起另外一個我出門之後」，也引起讀者臆想，何謂「另一個」？與生命議題相沿，卻如此鋪陳，從「再晚一點會有一個男人／回來，從異於出去的那扇／門。」，作者這樣寫出家庭的異化，「回來的時候可能帶著糖果、玩具／以及／另外一個女人／聽說也叫，媽媽。」其實這是作者反向地模擬單親家庭的剝離，「我是／只有爸爸（或媽媽）的孩子」，卻遭受命運殘忍的對待，「我們有很多人／常常玩著道別的遊戲」。敘事者不斷在尋找「長大之後的我」，甚至「在夢中的捉迷藏裡／長大的我，一直沒有被抓到」更可以體現這首詩的亮點，在於結尾的兩格空白方框，仿如後現代技巧的設計，不僅貴在承接前文醞

釀的氛圍，□□需要去填補的字元，是尋找名字意義的出口，亦爲留給讀者互動的謎題，與題目〈過於巨大的名字〉呼應。

四、2008年林榮三新詩獎得獎作品

獎項	姓名	作品名稱	作品內容	行/字數
首獎	吳岱穎	回函：致拉撒若夫人	從外國詩汲取養分，延伸出愛情世界無限的風景，觸撫著內在真實的感性變化。	49/561
二獎	河岸	更衣室裡的大象	以「大象」作爲主角，顯示極爲強烈的無奈和乏力感，並展現人爲與自然之間極端矛盾的思索。	45/358
三獎	林德俊	翻譯一個早晨──給自惠明學校畢業的盲兒JY	用媽媽的眼睛，代替盲兒的眼睛，爲他觀看這世界，展現從容不迫的敘述美學。	45/525
佳作	連明偉	遷徙	是一首安靜的輓歌，是一位繼承亡者「成爲男人，成爲父親」的訴說者，其悼亡的儀式想像在行句間呈顯。	50/611
佳作	游書珣	甕裡的母親	以一個喪子之母的悲劇形象寫給早夭的嬰兒，透由錯置的語法形塑出荒誕、詭異的詩境。	42/287
佳作	吳承澤	科學小飛俠的3號珍珍	虛擬的卡通和現實的人生彼此呼應，藉珍珍對男性意識爲主體之社會予以徹頭徹尾的反諷與解構。	37/622

（一）〈回函：致拉撒若夫人〉

在作者替作品的加註裡提及，「拉撒若夫人」是希薇亞・普拉斯（Sylvia Plath）的詩作。普拉斯不僅是著名的美國女詩人，亦創作出著名的傳記小說《瓶中美人》，展開一段內心掙扎、崩潰，甚至自殺未遂的歷程，緊緊扣合住 1950 到 1960 年代於美國所流行的自白詩（confessional poets），此類的題材以詩中人精神的異變爲主。再回來看到〈回函：致拉撒若夫人〉裡，「我多麼熟悉你會怎麼說／掏出鑰匙轉動門鎖後」，就像電影長鏡頭的聚焦，從開鎖、進入房間，進入「我」與「你」的兩人世界。在壓抑的城市光景裡，再日常不過的「堆積的衣服與碗盤／每一天的晚餐時刻／我們相對而坐」，從甜蜜青澀的愛情，進階到共同的生活與習慣，「兩個人，兩道陰影在背後／貼成同一張地圖」，隨時光變動而轉換自己的隱身，「毒販、軍火商、皮條客／在我掌心留下電話號碼」。隨著括號內預敘情緒的糾結：「（我終於知道他們其實是同一種人／都是我的家人……）」，安插著不確定性的解讀陷阱，並透露出對自己的疑問與猶豫，「『在我們的沉默裡……』我的沉默／是一條潛艇」。作者在詩前亦引用但丁《神曲》的原文，在註釋中同樣提到，取其含意「我把自己的家變成一架絞刑台」，讓這一份的「回函」，彷彿是對於生活的喃喃自白，另一方面，詩中的「妳」也可看作死神的致命誘惑，一如愛欲深沉動人，爲詩作增添繁複的意象及幾分逸趣，以及精神欲超脫的理想目標，「讓自己看起來透明／讓你看見我肚腹裡一隻／蝴蝶正揮著翅膀上下

飛舞／爲了每一個清醒的明天／所做的種種努力」。

（二）〈更衣室裡的大象〉

過度的野心在許多領域容易招致反對，卻都需要一種純粹的專注。尤其在詩藝術中，直指現場的抨擊，亦容易招致極端意見的反撥。在〈更衣室裡的大象〉裡，將「大象」隱舉的對象可以是作者、可以是資本社會中的普羅大眾，「有時，我覺得自己是／更衣室裡迷路的一頭／大象，如此不合時宜」。而對於「更衣室」的指稱，應該是卸下僞裝的私密領域，選擇舒適的裝扮或另外妝扮自己的美貌，面對大廈建設不斷的擴張，從平面的拓寬到高度的尖拔，「思索著如何／穿下文明／這件過小的外衣」，步伐的禁錮顯得進退維谷，擠在擁擠的現代文明中，「夜空，草原，樹林」是懷念的。

（三）〈翻譯一個早晨 —— 給自惠明 學校畢業的盲兒 JY〉

〈翻譯一個早晨 —— 給自惠明學校畢業的盲兒 JY〉，敘事者可能是母親，這個「翻譯」則是用母親的眼睛代替盲兒觀看，「窗台的植物們醒來的姿勢／像迎接一個節日，恰好／我寫信給你」，開始娓娓向他傾訴：感知早晨世界的流動，召喚出說話者的詮釋活動，例如聽覺上，「綠繡眼」的啼叫「點描春天」，「老樹伸出年輕的手指／彈響了鋼琴、古箏或吉他」的婆娑搖曳；在味覺上，「陽光」像「撒落夏日甜筒裡的巧克力脆片」清脆可口，也有香 Q 帶勁的珍珠奶茶 ——「軟軟地潛到奶茶的海臥底的黑珍珠」；在嗅覺上，「羊

毛圍巾攜帶著一整座草原的香氣」，同時延展「視覺」，給讀者預留想像的趣味，交付通感元素的劇場展演。末段為合論過程，從正面、積極的生命價值觀，「撕去顏色的壁紙，世界不只／頑固地填充黑暗」，回顧前段通感的歷程依賴想像，留下甚多令人思索的空隙。

（四）〈遷徙〉

「一整個下午我都在走路／走得安安靜靜像是睡著／睡著卻有哭泣的聲音卻有／安安靜靜的眼淚如夢囈／如潮濕的枕頭，如此自問自答 ── 」，〈遷徙〉傾向描述事件的交織，待詩句的層層剝解，隨敘事者「我」的移動，從「走路」、「睡著」、「夢囈」的環環交扣，以靜緩的氛圍感染讀者。「您」這時加入了詩中，不論「走向哪條巷道」、「哪扇大門？」，甚至「您的棺是埋藏的甕」，彷彿與離開的父親對話，服膺一首輓歌的格式。「我們要安安靜靜行走」，成為「繼承您所有身分，成為男人，成為父親」的說明附記。在詩裡的其他物件，「紙蓮花」、「紙糊的賓士、房子、西裝以及／金童玉女」，他們是悼祭的供品，也是一種「遷徙」、一種悼亡的儀式。

（五）〈甕裡的母親〉

此詩可看作是敘事者的母親寫給早夭的嬰兒，「看看你在洞穴裡／蜷曲的樣子／比繩子可愛／比蛇良善」，「你」被置於甕中，且被拿來與繩子和蛇做類比，形塑出囈語般的詩境。「如果你活／會長成另一個我嗎？」、「若你死去／

絕對是另一個我自己；」，作者有意識地在「你」、「我」之間，從關係的辯證歷程提供許多訊息，產生詮釋的歧異，迫使讀者往復推敲；如果隨著語句的推展，「代替我死去的你」，你已經「學會了壁畫與哲學」，然則「你說／是我教導你的」，那些歌唱、烹煮蝙蝠、形靈脫離般的恍惚狀態，不禁讓人懷疑，「我將自己裝進甕裡／靜靜地隱匿」——究竟是誰生？誰死？如此閃現悲慟的詩人意識，這裡有兩個不同面貌的人，一個望著過去，一個望著未來，儘管時空仍在流動，最後在母親回到現實中，「你把甕沉沉抱起——／現在／你比我更像母親了」，在兩者相互投射的角色互換，一個喪子之母的悲劇形象應運而生。

（六）〈科學小飛俠的 3 號珍珍〉

如題，「科學小飛俠」，是一部與巨大機械戰鬥的科幻英雄動畫，這首詩同時也導入社會公害、科學的現實議題。在對抗「惡魔黨」的科學小飛俠成員裡，共有五名隊員，珍珍則是唯一的女性角色，「她英勇地在每一座聳立於童年的電視牆裡出著任務／在每一個小男孩忘情地吆喝聲中」。在卡通裡珍珍是夢幻般的英雌角色，與其他隊員間也產生一些男女的情愫，例如「1 號鐵雄」與「2 號大明」，詩中也譜出男女長大互相傳出的好感，「所有的小男孩在長大之後分別成為鐵雄、阿丁或大明，」。此詩透過虛擬的卡通和現實人生的互喻，從男性觀點來寫珍珍與其他角色的強烈對比，乍看是輕鬆詼諧的議題，但離開虛擬的卡通世界，回到真實人生，「早晨陽光的直射裡／女孩們總英勇穿上沉重的披風和

蕾絲性感內衣」，也諷喻了對女性角色的物化，藉珍珍對以男性意識爲主體之社會徹頭徹尾的反諷與解構；從前三段爲著男人需要而生，藉諧擬（parody）的手法連續否定對於卡通美好的想像，例如「比鳳凰號戰機／還具有威力的乳房和眼淚」。在完全的顛覆而後，不斷尋求女性突破社會制度化的框架。

五、2009年林榮三新詩獎得獎作品

獎項	姓名	作品名稱	作品內容	行/字數
首獎	羅葉	在國小圖書館	以光明的溫暖畫面描述「圖書館」內學童們動態和靜態的不同活動，並透以圖書館員或老師多角度和孩子們間的溫馨。	49/418
二獎	林餘佐	我親愛的植物學家	作者以簡潔的文字描述植物學家正埋首爲其中豐富的草木命名，分類，寫一些符合科學字義的特徵，和超越的寓言	37/498
三獎	CRY	永夜談	詩作中談論的死亡反映了社會的許多現實社會弱勢者的孤立和邊緣化，也間接批判了人性本質。	45/533
佳作	李長青	黑暗之心 —— 關於海的倒敘，以及康拉德	以閱讀康拉德的第四本小說《黑暗之心》爲章本，將對康拉德的認識化成詩的質素。	47/609
佳作	葉衽榤	三月的翻譯	本詩以台中萬和宮傳奇故事爲底本，敘寫清代漢人來台灣落戶開發事蹟，並彰顯來台先民由械鬥到眾姓和合，題目點出台灣三月媽祖慶典的深遠寓意。	42/481

（一）〈在國小圖書館〉

「早安，陽光！早安，芬多精」，〈在國小圖書館〉以充滿朝氣的文字揭開序幕，並透過平實自然的文字，塑造出生動明亮的畫面。本詩的舞台是在大自然裡頭，首段以想像結合實境，「每天我準時喚醒圖書館，如掀開封面／讓晨風輕輕朗讀整座隱形的山林」。在次段，正逐戲於校園的學童們及野生動物「活躍在福爾摩沙失落久遠的地平線」：緊接著上課鐘響，以安靜閑詳口吻描述校園中，「粉筆板擦們／靜下心來，課本練習簿也認真就位」。第三段裡，作者暫擱下童語，以第一人稱「我」進入詩內，有時以老師的角色「修剪起學童作文」，有時「如一巡山員」臨視山川之美，又有時以圖書館員的角色，觀望「學童的聲浪／迅速漫漶過走廊操場而支流悄悄／注入圖書館」。在第四段，他們進入圖書館中享受閱讀之樂，經過閱讀中、外國書籍的滋潤，「夢裡的星空有字句閃爍」。在末段，又是另一個起點：「明天，精神飽滿的太陽會出門上學」，以早晨的太陽形容一如孩童，也描摹出即將茁壯的他們。

（二）〈我親愛的植物學家〉

詩，需要一種全然的專注。〈我親愛的植物學家〉首段是這樣展開的：「我親愛的植物學家／總在夜裡動身，獨自前往遙遠的流域／採集芳香的隱喻」。敘事者從第一人稱直截切入，時而抽離自我，塑造另一個「他者」，以超現實的隱喻來解釋自我對於現實意識的表達，「陪你／越過兩個形

容茂密森林的詞彙後／落在不知名菌類面前」。植物學家埋首於於研究與發現，「標示著未經指認的花語」；接著，「我提著光線，黏著你的步伐」，為了那些追尋的植物與寂寞，「來到未經修飾的花園」。本詩的表述意識是隱密的，通過「植物」所指涉文字符號的內延性，「時光是座花圃／炫目的花卉只盛開一季肉身／野草是太過繁複的糖衣」，意圖破壞詩的邏輯直指，進而追求閱讀詩時，下意識的自然表現，「而你要的菊就裹在裡頭。你說。」本詩因為緊密的澄明意識本質，意義雖然已然收煞，卻意猶未竟。

（三）〈永夜談〉

本詩很清楚的揭示社會中弱勢者所面臨的孤立與被邊緣化，前三段是對於小丑、喜憨兒、以及腦部殘缺的探討，並在格式上有整齊的排列：先是從他人事不關己的討論，然後對這些角色展開刻板而狠毒的對話，例如從「吞劍」、「走鋼絲」、「馬戲團」出來的小丑；例如「這個做麵包的」喜憨兒；例如肢障腦殘，「聽說他本來要去跳巴黎鐵塔」、「聽說他本來要去游尼羅河」，接著這三段皆以「可不是嗎？」隨之警醒在此視為理所當然的讀者，難道這些所講的「他人」，真是事不關己？彿如《十夜談》在瘟疫的環境下，眾人講述著一百個故事來度過酷熱的日子；〈永夜談〉以相似的名稱，以諷喻的方式講述著關於社會的冷酷，「你們繼續談論他的死亡／無數的你們／無數的他」，顯現許多人們易於批判他人，卻不能設身處地。最後，「我」化身成為死神，「披上借來的斗蓬」，從對他人漠視達到警醒。

（四）〈黑暗之心 —— 關於海的倒敘，
　　　以及康拉德〉

　　這首詩彷如向康拉德致敬的作品，詩中的「你」，便爲約瑟夫・康拉德（Józef Teodor Konrad Nałęcz Korzeniowski），例如「我該如何閱讀你，或者／你只願意讓神祕的海洋倒敘」，其中《海的倒敘》是康拉德的自傳體散文。而《黑暗之心》（Heart of Darkness），是康拉德的一部中篇小說，講述船員馬洛在剛果河運送象牙的故事，主角的職業和這位生於波蘭的英國小說作家的生平雷同，康拉德年輕時當過船員，也曾代理過指揮員，在詩中也交織著康拉德多重的水手、作家身分以及多重的國籍，「波瀾著俄國的口音」、「曾經多麼希望／成爲泰晤士河的支流……」以及「被錨翻譯的人生」，引述康拉德的身世具有波蘭、俄國、以及英國的淵源。然而，被譽爲現代主義先驅的康拉德，向來也並不會在書中針對那些所挖掘出的問題，給予直接的回答，而是留白給予讀者思索，來探索人潛在的黑暗面，而本詩也同樣觸碰康拉德在處理文化與人性間的衝突，像是「困頓的邦聯，成爲文明野蠻的庭階」，李長青與過去曾獲得多項三大報新詩獎的手法相似，以國外的文學作品來引渡這篇作品的理念，運用大量的比喻及引渡康拉德的生平，「就讓異域的象群與彩虹／踩踏著你我照耀著你我填補著／你我真實的黑暗之心」，除了伶巧的運用文字，也如「世界仍像一場大雨繼續滂沱你／多麼外國英語的黃昏」試圖體會飄泊尋根的人生「穿透漂流的迷霧」，黑暗終究會黎明再起。

（五）〈三月的翻譯〉

　　〈三月的翻譯〉以台中萬和宮的傳奇故事爲作爲引語，開始敘寫清代漢人來台灣落戶開發的過程，首先是搖盪渡海來台的艱苦，「後來，你在彼岸找到幸福了嗎／船隻在海峽間／隨著顛沛的航道」，「走在陌生的土地上」而不時懷念故鄉，那爲了展開新人生來「唱一首沉重的鄉歌」。接著，「我看不見你的劍影刀光／浴血的片刻／閩南的陽光被綁成一道火束」，並不時採取對話的方式，橫跨歷史試圖引起共鳴。後來那些爭端在「老二媽在轎裡揣摩漳音與泉音／用針線將兩者串成一場戲／座落在廟前免去干戈」，從來台先民的械鬥到眾姓和合、漳泉攜手，遊子也逐漸在新土地上安頓下來。藉由敘事者的詰問，「後來你幸福了嗎」，隨著歲月更迭，人事流轉，從詩裡的「你」對照「我」，前者爲渡海來台的前輩，後者則可看作在台灣出生、長大的晚輩，此詩不僅用題目「三月的翻譯」，來點出台灣向來在三月舉辦媽祖慶典的深遠寓意，並運用詠古而不落窠臼的觀點，重新看待臺灣史。

六、2010年林榮三新詩獎得獎作品

獎項	姓名	作品名稱	作品內容	行/字數
首獎	張繼琳	寫生簿	此詩探究藝術之奧祕，亦關懷大自然環境。而一系列組詩或意象連貫，或主題共生，條件皆對應互補。	50/764

二獎	楊瀅靜	雙面維諾妮卡	描寫在單身與婚姻家庭中的選擇擺盪。詩中的我是現實生活的我；詩中的妳（維諾妮卡）是敘事者心中構想過的「我」；表達了豐沛而感人的女性意識及生命觀照。	50/753
三獎	吳文超	會議	此詩描寫一位擁有巨大權力的領導，由身心寫及外貌，再由門內而門外寫事，勾勒一位獨夫之口蜜腹劍，邪形惡狀，充滿諷諭。	49/619
佳作	湖南蟲	我的名字就是我的詩	細膩地描繪「我的名字」最早的來源，深切且生動地刻畫「詩」的角色與「我的名字就是我的詩」之特殊意涵。	43/474
佳作	廖人	琥珀女孩 —— 致一位末期病童	此詩以童詩式的筆觸，企圖傳遞面對死亡仍可豁達的生命課題；並以「琥珀」指稱一名癌症末期病童，說出生命悲喜同源的道理。	50/298

（一）〈寫生簿〉

　　〈寫生簿〉是短至六行、長則八行的六節組詩。〈寫生簿〉每節小標的主題或彼此共生，或相互對應，出現不同的風貌。在第一節，「晴天，婚禮。我用了多彩的顏料娛樂自己」，不只以「在屋頂走動的貓」隱喻年輕男女，詩中的物件也從「房子」延伸到「村落」，一路延伸到他們「在畫中籌辦婚禮」；但看似完美結局的詩作，卻留下這樣的伏筆：「允許他們吵架隨時準備逃走」。在第二節的「我鞭笞自己，感覺自己是受害者」，人物剩下自己一人，這次「我畫了牆壁」，從「想念家具」表達對於家庭建立的憧憬，隨時間久了，後來成為「顧家的家具」，違背了與當初的理想。在第

三節的「他們的擔憂顯然是對我的責備」，自己以「偉大的梵谷」自喻，不斷觀經那些所懷抱的遠大夢想，但顯然旁人卻不以為然，作者想要展現理想，這時「他們就一個個轉身離開，回家煮飯」，回到自己的日常生活。於第四節「作畫時，我希望多數人，去躲避空襲」，這裡的自己開始畫起自畫像，重新省視自己；儘管旁人問著，這裡說的「為何不畫女人的乳房」來象徵其他的物質引誘，但「我」的專心並未受到打斷，反而在第五節「我的嗅覺敏銳，發現蘋果橘子的顏色腐壞了」，重新探究藝術，並「逐一對作品講話」，用「黃顏料」「點燃一盞燈火」並「提供兩小時的照明」。在第末節，「我想，累積不厭其煩的生活才能生存下去」，作者最後畫出「缺了兩顆門牙的老人」，也是對於生命最終的想望，並在午後「畫了躲在葉子背面的小昆蟲」，樣貌是奇醜無比，外界的觀感可能是不解或無奈，但對於自己的生命，卻是代表一種認可與自信。

（二）〈雙面維諾妮卡〉

《雙面薇若妮卡》原名是波蘭導演奇士勞斯基（Krzysztof Kieślowski）第一部邁向法國的電影，講述兩位同名為「薇若妮卡」的女子，一位是波蘭人，另一個則是法國人；她們同時出生，擁有相似的臉孔，亦同樣雅好音樂。電影依此講述兩個生命的獨立，例如法國薇若妮卡面對問題的遲疑，迥異於波蘭薇若妮卡的主動直接；但也可依此講述兩個生命的相惜，她們曾經在某個地方擦身而過，她們的心靈彷彿相通，一個被燙傷，另一個下次接近鍋爐就會小心翼翼。而此詩藉

此電影之義，寫的是單身與婚姻此兩造的選擇，以及自由及家庭的辯證譬喻。「在小學的作文本上」，我們都可以輕易的寫下對於未來的想像，而作者則是以「維諾妮卡」作爲未來的志願，且「很久以前，在〈我的志願〉我寫下：／『26歲的我變成家庭主婦以及兩個小孩的媽。』」但人生有太多難以預期的狀況發生，「已經過了妳的年紀，孑然一身」，不禁讓敘事者反問「維諾妮卡，我能成爲妳嗎？」於是重新的在網絡複雜的人生抉擇中剖解。詩中於是透過回想，從國中、高中、大學等求學階段的不同，再回過頭來探索：「如果再還給我一個維諾妮卡」。最後，從悵惘中逐漸走出，並給予目前生命一個答案與解釋，「維諾妮卡」是「另一個身分不同身世的想像」，即便總有「漸漸微弱的時候，還是有光」。那樣子的想望，即便在家庭角色的扮演，在欲想的追逐中，仍是可以存在的，也因而寫出了一種動人的生命觀照及女性意識。

（三）〈會議〉

作者吳文超是台大電機系畢業，非修習文科的背景讓他的詩作結合自己的專業別具風味，頗有詩人白靈經常運用到原子、科學的角度來寫詩、寫詩論的特色。以此詩爲例，作者便結合了腦科學知識 —— 腦波依頻率可分作 β 波、α 波、θ 波及 δ 波，它們分別指的是腦的有意識、橋樑意識、潛意識、以及無意識，構成一個人內、外在的表現及行爲；而迄今 γ 波則被認爲是控制意識、活動的震盪。〈會議〉首先運用大衛・布林（David Brin）及約翰・史坦貝克（John Steinbeck）的

話作爲引言，前者是美國知名的科學家兼科幻小說作家，不僅曾獲得雨果獎，也獲有科幻小說獎殊榮的星雲獎等；後者則是美國著名小說家，作品多描寫在經濟大蕭條時期的平民階級與移民工人的生活，也曾獲得諾貝爾文學獎及普立茲小說獎。此詩引用的話語也正呼應著詩裡的主題 ──「權力」。上位者擁有權力，此詩用第三人稱去觀看「他」那個人，從最初「光在門縫晃動，γ 的宇宙／也隨之搖晃」，雖然「他想起自己也曾經潔白的靈魂」；但權力亦能使人腐化，從「β 閉上眼，門縫的光使他暈眩」的身心意識，擴寫到他的行爲「指腹深處密藏利爪／腥甜的毒液滋養著心臟……」。此詩充滿諷喻之旨，以那個人「堅定的聲音和手勢」對比「挪移鉅額資金」、「膨脹靈魂」；外表是成爲活在掌聲及他人眼裡那完美無缺的形象，試圖遮掩住門內的他卻是惡狀邪形的深層內在。

（四）〈我的名字就是我的詩〉

本詩共四節，而同標題的「我的名字就是我的詩」，在前兩段的首句，即不斷複沓地呼應主題。此詩像是一個旅程：「像一個句子，承接上一段落，又／發展出下一行暗藏的意象」，尋找名字的意義，也尋找對於詩的信仰，展開名字與詩之間的聯想。對於名字，作者每段運用二至三行的篇幅用括弧內的文字來補敘，讓我們看見名字與詩親密的連結與關係。雖然「它未必十分響亮」，「但我仍永遠只願帶著一點點／驕傲，朗誦它、／記得它」。或許是愛情的開始與結束，或許是面對親人的別離，運用真摯的文字與情感去探索，從細膩的描繪「我的名字」開始，不論平實，「拒絕僅止於字

面意義」，每個人都有屬於自己特別的故事。

（五）〈琥珀女孩 —— 致一位末期病童〉

　　琥珀，乃遠古松科植物的樹脂久埋藏於地下，經過漫長的時間與化學演變而凝結形成的化石，內部經常可以看到含有氣泡、昆蟲或植物的碎屑。本詩以「身懷一隻／罕見的甲蟲」指稱這名癌症末期的「琥珀」女童；透過童真式的筆調，用淺短的字句散發出彷彿童書似的純真氛圍。但其實這名「琥珀女孩」，跟健康的孩子不同，卻是「吊點滴／坐在輪椅上」，並面對著生命所給予的病魔難題，例如作者用「打雷」、「烏雲」、「閃電」以及「雨水的擊打」來象徵。作者不時用旁觀說明式的第三人稱，有時也以第二人稱跳入詩作與女孩對話：「妳會善待它們／如同弟弟和妹妹」，「記得妳有／貝殼般的頭髮」試圖用最近的距離給她鼓勵，並用溫暖的筆觸，在寧靜的寒夜中，以「最新、最末的／那些月亮們／在模仿／笑彎了的／銀色眼睛」。即便對於生命，我們終究無能為力，「琥珀女孩／只是先我一步／回到沙上」，但詩作卻能成為一顆火種，點燃生命的溫度與價值。

七、2011 年林榮三新詩獎得獎作品

獎項	姓名	作品名稱	作品內容	行/字數
首獎	游書珣	公路之舞	以曼妙、優美的「舞」之動詞來描繪死亡邊緣的求生意志，用〈公路之舞〉作為標題寫給越南新娘段氏日玲和印尼勞工蘇莉娜的難得之作。	50/972

二獎	蘇文進	滑鼠賦	引蘇軾〈黠鼠賦〉，寫電腦前上班族困頓、任憑操弄的「滑鼠生涯」，題材融古今於一爐，新鮮不俗。	50/691
三獎	李長青	姓名學	這是一首政治詩，從懷疑出發，轉化爲積極主動的思索，書寫日本殖民、二二八、美麗島事件、解嚴等等，呈現爲台灣人爭取民主、學習民主的縮影。	55/642
佳作	徐佩芬	達蘭薩拉男孩	描述當地人的生活情況，詩人有效運用對比，敘述非常沉重的現實；多用短句，經營出輕快的節奏。	41/342
佳作	王志元	靶心	五段詩有如日記五則，彷彿觀賞前衛電影，暗示過日子是一場對抗虛無、空洞的戰役，但最後在絕望之餘，仍暗示出生命的活力。	49/425
佳作	若驪	植有木瓜樹的小鎮	借用龍瑛宗的小說題目，並取樣小鎮的場景，見證台灣從農業進入工業的社會，對襯廣告文案的虛張浮誇，刻意以虛擬的過去對比現實。	45/623

（一）〈公路之舞 —— 寫給段氏日玲與蘇莉娜〉

　　此詩引用兩則新聞事件，分別以外籍新娘與外籍勞工來台的悲慘遭遇爲題。本詩共分爲兩組詩，前組是寫給越南新娘「段氏日玲」，她來台以後飽受丈夫及其前妻的凌虐，「左腳拖著右腳向前，指甲在柏油路面刮出刺耳的噪音」，寫出最後被丈夫在路邊丟棄，被發現時她骨瘦如柴，差點喪命；後組則是寫印尼勞工蘇莉娜因爲操作機器的意外斷指，「從手指開始，妳的身體逐漸消融」說明事件的肇始，雇主未將

她送醫，反倒將她丟棄。兩詩都以「『有人將我拋下！有人……』」作為轉折，反轉外籍勞工就是來台灣賺錢的印象。其實他們也是有血有肉的，從求生活到求生存，以「直到把無痛的自己給離析出來，／直到被連根拔起的呼吸，漸漸地／恢復了生氣」說出他們的心聲。

（二）〈滑鼠賦〉

此詩引用許多古典文學的詞彙，且舊詞新用；譬如「大江東去」象徵網海無涯，並透由「你在海角；我在天涯」表現「網路若比鄰」的感受。此詩運用了網路詞彙，如「視窗／Windows」，「古歌／Google」，但即便如「奈米晶片」運算神速，電腦外殼是「冷漠的塑膠殼」，終究沒有真感情，可以寫出算式，沒辦法寫出文學作品。最後，以「我只剩下兩個按鍵」── 滑鼠的左、右鍵，碰撞出閱讀的新趣。

（三）〈姓名學〉

本詩分作五首組詩，從懷疑的態度逐步轉化為主動的爭取民權。在「冠姓」，「鑲上我戴上他父兄的帝國屬姓」寫出皇民化的姓名，然後「用異國熱帶的殖民地唇語」，以「夕暴雨」象徵 1947 年爆發的「二二八事件」，「當冷氣團從深沉的內陸轉品／島嶼低壓的鋒面為高壓赤紅的／封面」，寫的是國民政府派遣大軍來台鎮壓、屠殺人民，導致無數民眾死傷，並造就將來族群的不睦；「火把」則是以「為了幫非常不美麗的那一家雜誌社／上妝」寫出美麗島事件，但「被灼傷的公園只能立紀念碑」；「足印」與「乳名」兩組詩則

是逐步寫出解嚴：從「在碑文或郊區重新栽植的樹蔭下」的命運，到「讓一枚鏤著1987的徽章／勺勺落了款」。此詩用時間緩緩推進，並讓每首組詩充分留白，賦予這些地名歷史的意義，以社會事件昇華到個人的內在世界。

（四）〈達蘭薩拉男孩〉

這一年得獎的作品有許多「舊典新解」的手法，例如本詩提及的「親吻懷裡／金髮碧眼的／文成公主，明天／就可以嫁去美國」，寫出國家被開發時，所造成文化的被毀壞。原來孩童的保溫杯從裝「犛牛奶」改變成裝「汽水」，並從梵語歌曲轉化成為「電子梵音舞曲和韓劇DVD」，以及觀光事業發達而讓國家充滿著「盧比與人民幣」的交易。一邊想回返自然，但另一邊思想卻向外越界成為一種朝向填補「鄉音無改鬢毛衰」的「內在性摺曲」。「達蘭薩拉先生」「摟緊懷裡的孩子／搖搖迷你小經輪／在茫茫雲靄中／覆誦他真正的名字」，尤其引發啟思。

（五）〈靶心〉

網路ID是「poyicle」、「cannonball」，在PTT詩版擁有眾多粉絲的王志元，在本詩的寫作彷彿是生活斷片的書寫，從形而上的寫實跨越到生命狀態的感念與告解，打亂傳統敘事時空的排列，從「今天，發現一尾已經死了的蛇／靜靜盤踞在我什麼也沒有的信箱裡」那種恍惚的囈語夢境，造成讀者在閱讀邏輯上的斷裂，用軍事和戰爭的意象貫串全詩；在第2組，「一些計畫正默默進行」，準備行動，「神

已計算好彈道／上膛，瞄準靶心」，隨後卻插入「做著瑜伽的婦人／努力讓自己頭腳短兵相接」，加重了一些戲謔的調性，造成虛實交錯的惚恍景況。隨後，「第七天。脫水」、「囈語。吶喊」，「第七天。絕望」、「警戒。暗地」逐漸營造出對於生活的絕望。在最終，作者所做的轉圜是信箱裡疊滿了與生活相關的廣告單，送報生用微笑所扔出的斗大標題：「人生還是值得過的吧」，暗示出生命的活力。

（六）〈植有木瓜樹的小鎮〉

　　本詩的詩題取自於龍瑛宗的小說〈植有木瓜樹的小鎮〉，同樣描寫小鎮的場景，「過去曾經編織繁華 90 年代的紡織工廠」，遭遇的現代化的經過，卻也變成「現在是熱銷的社區建案，一戶 798 萬」，裡面的擺置是「奢華大主臥及客廳」，號稱「總戶數規畫 50 戶，4 到 5 房」，有效用對比情況來處理，迥異於應是純真樸實的室內擺設。而文本的轉折處則為「經過 2008 年肇因於美國房市泡沫的全球金融海嘯／和一段紡織產業大規模外移的橙色黃昏」，敘述非常沉重的現實與被毀壞的匱乏感。

八、2012 年林榮三新詩獎得獎作品

獎項	姓名	作品名稱	作品內容	行/字數
首獎	黃岡	是誰把部落切成兩半？	模擬原住民孩童天真的口吻，寫原住民部落的土地因開發而被割裂的境況，觸及自身俱足的世界被外來強權（所謂的文明）撕裂的議題。	46/598

二獎	鍾明燕	重金屬	從阿公的良田變成父親的重金屬工廠，再到作者本人去重金屬音樂的夜店，將三代人的生活型態，融入生活化的日常語言，寫實語調極為鮮活。	42/658
三獎	林餘佐	薄霧：靜物被神描繪	在迷濛中又分明有清晰指涉──所謂「時光的裂縫」，喻示須以思念不斷彌補缺憾。詩中的我追憶的是一種艱難的愛，一旦抉擇，就注定曲折。語言質地美好，具抒情韻致。	45/448
佳作	陳祐禎	婆羅門女在閻浮提海濱尋母	轉化《地藏菩薩本願經》孝女下地獄尋母的東方神話，整首詩貼近原典的敘述情節與場景，加入當代都會慾／色語彙。	32/453
佳作	楊智傑	1996 ── 沒有一場雨因此淋濕我	故事從 2012 年在故鄉遇見早婚的初戀女友開始，巧妙地運用蒙太奇敘事手法，帶我們進入 1996 年的回憶，呈現時代氛圍。	48/473

（一）〈是誰把部落切成兩半？〉

　　從詩題開始，作者模擬原住民孩童純真的口吻，用設問引起讀者注意。從「以前才沒有這條馬路」，到「一條沒有禮貌的山路開過我家大門／它跟我一樣有座號」，書寫工程的開發；且，「馬路沒有很寬只是車很快」，照理文明的開發並非是所有人都欣然接受，但作者並非嚴詞批判，而是藉由看似詼諧的語言，以看似矛盾的論述語句，經由清晰的意念，適切的插入原住民語言，增添閱讀的趣味。

（二）〈重金屬〉

一開始從「我和我爸說要去聽重金屬音樂」，到「一個巨大的工業城發達覆蓋了村裡世代相傳的良田」，讓讀者好奇，這個「重金屬」指涉的究竟是什麼？在此，我們能深刻體會到作者的悲痛，面對隔代的溝通方式改變以外，耕種方式甚至經濟情況都會連帶受到影響。作者的立場戛然於反面收煞──那個「重金屬醫院」的窗外，原來是「鐵紅的夕陽正往故鄉的方向直直落下」

（三）〈薄霧：靜物被神描繪〉

作者善於營造迷濛的意境。詩是曖昧的（vague）語言，照理我們應該無法替它建構單一固定的語境（context），應讓「語言」成為指涉性更寬的框架。「他說：『我們都是靜物／在霧裡被神描繪』」首句與末句的回返不輟，似樂譜的反覆記號，讓我們以為走到最後，竟也讀回開頭，如是輪迴不止，企圖達至另一種可讀性。本詩字質裡充滿歧異、暗示、跳躍，並以極具戲劇張力的情節逆轉結構來連結。詩成了一種同情與理解，一種觀看世界的方式與溝通：「有時天晴有時膠著。我暗自決定：在起霧時只走同一條路／只犯同一個錯。」

（四）〈婆羅門女在閻浮提海濱尋母〉

本詩轉用《地藏菩薩本願經》的東方神話，可看作故事新傳，故事裡寫的是孝女下地獄尋母。「海是鐵，堅硬的波

浪拍過來」，「海是火，地獄在野獸的嘴裡沸滾，獠牙如紅色的火鉗」，接連巧妙轉化著雙者截然不同的關係，也可看做是女性身體情欲的悽惘探索。

（五）〈1996 ── 沒有一場雨因此淋濕我〉

這首詩從 2012 年的時空開始，因為一場突如其來的「西北雨」，「我」在故鄉遇到早婚的初戀女友，然後情境將「我們」拉回到十八年前，或者是本國與外籍工人充斥的工業區，或者是 KTV、熱炒店，前後時光交錯，閃現許多記憶亮光之處，並和「小媛」一同回憶年少輕狂的往事：「這是十七歲／一起摔車的痕跡哪」，敘事者「我」只是笑笑；時光不斷推進，「新的傷口覆蓋舊的」。然而，外頭放晴了，也讓作者在此時產生幻想：「我拉起小媛／跨上破機車／直直衝向明亮的港口。我們笑著，唱著」，儘管那一切的時光都已回不去了。

九、2013 年林榮三新詩獎得獎作品

獎項	姓名	作品名稱	作品內容	行/字數
首獎	王姿雯	情事	取立夏、芒種、秋分、立冬為小標題，分節敘述情愛的起承轉合，期許愛情於節氣的恆常，也讓詩的結構有了綿延開放的可能。	48/417
二獎	田煥均	建築學概論	本詩巧妙地聯結家庭與房子，充滿了人生追求平凡幸福的隱喻。	49/740

三獎	陳少	百生	此詩將人寰的具象空間和人體設爲活動背景，讓各色昆蟲領軍，以變形的想像作爲哲學的省思。除了演繹出鮮活的昆蟲世界以外，也解構人類中心視角。對於科學的探究所感知的自然以及美學的啟發，值得贊許。	46/494
佳作	王天寬	保佑所有已經蓋了的房子和慈悲的空地	作者以連串禱詞成詩，看似不著邊際的懇求，其實有其環形邏輯： 是作者對處境的焦慮，有自嘲也有感恩	48/388
佳作	蕭詒徽	甜蜜的家庭	本詩乍看似不顧章法、缺乏美詞美句，卻帶著反動、顛覆精神，表現愛情的謊言、婚姻的荒謬，戳破甜蜜家庭之假象。	36/1138

（一）〈情事〉

　　本詩分別取四個節氣「立夏、芒種、秋分、立冬」作爲小標題。在「立夏」，「滿月把風照得透亮」，那是愛情來敲門的前奏；接著是「芒種」，是另一個人加入自己的生命以後，改變原先的自己：「那麼來破碎我」，「抓住一串金黃聲響，一條蛇順勢／潛入河床深處」指稱愛情的纏綣。到了「秋分」，「一盞天燈點著了，飄入黑暗」，期待落空了，「星星無所回應」，終究兩人無法擁有共同的世界，「將世界的完整切開」；自此，「你是你，我是我了」。最後在「立冬」，在寥落的夕陽西下之時，「剝一顆橙／渡輪停了很久，但我們／就在這房裡安頓下來」，面對「情事」，最重要的

終究是兩個人必須保有完整的自己，這也不禁讓讀者猜想，是否敘事者會滲入回憶？替往事重新進行改寫，或者進行再次的告別？

（二）〈建築學概論〉

所謂直覺，朱光潛解釋為「直覺底知識」（intuitive knowledge），是不假於多加思索，心領神會那些意象[34]。本詩的「建築」不只是「房子」，而是對於一個「家庭」建立的直覺。因此，「守望是生活的目的，值得砌上最好的磚」，克羅齊認為，直覺本身是一種有意識的活動，反對把直覺認成知覺，因為通常會把那「印象化為對象，無論那印象是否關於實在」[35]。回到作品中，大家期待新生兒的來臨，「淡淡的妊娠紋是幸福的平面圖描繪」，有了下一代的延續，以血肉之軀結合著冰冷的石材鋼骨，如「一截優雅的大理石」、「血脈裡屢經沖刷的絢麗花崗岩」，重新演繹出建築學除了建設，裡頭還有極具感染力的故事，充滿著人生而追求幸福與平穩的比喻。

（三）〈百生〉

「蟑螂爬過明淨的廚房／爬過反光澄澈的碗盤／揀起廚餘桶發霉的起司」，首段醒目的敘事張力，讓各色昆蟲輪流以牠們的使命來呼應。以動物極細的描摹與變形的想像來做

---

34 克羅齊（Benedetto Croce），朱光潛譯，《美學原理》（臺北：正中，1979），頁 157。
35 克羅齊，《美學原理》，頁 4。

為哲學的省思，如「虔誠如僧的推糞金龜」、「百合白的雲降生渡河的牛羚」、正吐絲如雨的成蟲等，轉折於時空的收束與拓展，將具象的人寰空間設為背景，極細度地描繪形體。本詩可看做一首生態哲理詩，不論是穢淨的、美醜的，昆蟲都是在譜寫自己的生命之歌，如「一隻求生的蒼蠅停在嬰兒／滑嫩的臀」所述。本詩除了演繹出鮮活的昆蟲世界，預留讀詩的快意以外，也企圖改變人類的主知觀念，「以方糖、以譜系／填充我日漸空洞的鎖骨／支撐我未完成的肉軀及魂魄」，企圖引領讀者重新思考：在萬物的生命圈中，難道人類真是萬物之靈？而這，更待讀者參與作品的閱讀而進行詩歌的「再創造」。

（四）〈保佑所有已經蓋了的房子和慈悲的空地〉

「保佑所有已經蓋了的房子和慈悲的空地吧／保佑所有將寫未寫的信／特別保佑郵差／保佑他們捍衛隱私的漠然決心／保佑所有遠的事物」—— 本詩以連續的祈禱詞串成開頭語，乍看是漫無目的，實則為環形的邏輯結構。本詩看似以「都更」作為本詩的主題，人民準備寫信訴願，而不斷的建設也再次破壞了天空的風景，並且造成光害。此詩反映出作者獨一無二的思考，記憶與現場的畫面交疊，把不成句的斷裂語言作為空隙放滿多面的情緒散射，賦予讀者強烈而嶄新的「辨讀」權。

（五）〈甜蜜的家庭〉

全詩以獨特的形式構成，在詩行裡，即以「／」取代了

斷行。另外，又分為三組：「在我面前哭」、「在他面前哭」、「在她面前哭」，反動的意味濃厚，並帶有敘事的類戲劇效果。三節皆由不同的敘事者發聲，但卻是在「甜蜜的家庭」氛圍裡，看到情感出軌、大吵大鬧所導致出的許多家庭問題，以及女兒在外浪蕩的生活。這樣的反差，確實讓人感到格外的難過，也建構出這個充滿怨懟與淚水的家庭劇場。

第四節　三大報新詩獎得獎者與
得獎作品的綜合分析

　　文學獎，讓傑出的創作者能夠嶄露頭角，透過這樣的比賽，無論是創作者對於自我寫作的肯定、獲得那張「文壇入場卷」、抑或是獎金的補助[36]，都是讓眾多的寫作者有個共同努力的目標。在這場新詩競賽中，創作者皆以完成更好的作品作為目標，也藉此讓文壇的活水、新血源源流入。讓人

---

36 本研究訪問到多位新詩獎得主，針對獲得新詩獎後的影響作出問卷。其中，裡面詢問「新詩獎對於他們的意義」，凌性傑認為新詩獎「像一場通過的儀式」；或者又如曾琮琇所言，新詩獎是一個發表平台，使新詩這個小眾文體有被看見的空間。林達陽指出，新詩獎是「精神上的肯定與經濟上的幫助」。李長青則認為新詩獎可以作為檢驗寫作技巧的試驗方式，並督促自我寫作，乃至拓展寫作題材。但新詩獎也可能讓寫作者的題材窄化，如謝三進則指出：「到擁有一定的寫作信心之後，文學獎的世俗作用（高額獎金）便逐漸高於藝術效果（技巧磨練與修正）了；甚至變成干擾，每年有限的寫作配額都被文學獎牽著走，由原本緣情而發，變為看題說故事。」參見附錄六。

好奇的是，從 2005 年至 2013 年的三大報新詩獎得主，他們本身有什麼共同的特色呢？底下我們就從得獎作品去追溯得獎者的身分特色。

（一）得獎者的年齡與性別

　　由《聯合報》、《中國時報》、《自由時報》所舉辦的三大報新詩獎，從 2005 年到 2013 年這九年所生產出的三大報新詩獎的得獎者，剛好是 100 位。其中，聯合報新詩獎佔了二十九位（29％），時報新詩獎佔二十六位（26％），林榮三新詩獎則佔四十五位（45％）。其得獎者比例不同的緣故，乃因三大報新詩獎獲獎的人數不同。聯合報新詩獎、時報新詩獎每年平均大多分別錄取三位得獎者，而林榮三新詩獎則是在 2006 年所舉辦的第二屆裡，開始有了佳作的獎項，增加獲獎者的數目。

　　接著，以表 3-1 為例，可見到 2005 至 2013 年三大報新詩獎得獎者的年齡與性別之統計分布：

表 3-1　三大報新詩獎得主年齡統計（2005-2013 年）

	聯合報		時報		林榮三		三大報		總結
	男	女	男	女	男	女	男	女	
16-20		1	1			1	1	2	3
21-25	3	2	2	3	3	3	8	8	16
26-30	8	3	7	2	12	5	27	10	37
31-35	5	1	2		7	2	14	3	17
36-40	2	1	2		6		10	1	11
41-45	1	1	4		3		8	1	9
46-50	1		3		1	2	5	2	7
小計	20	9	21	5	32	13	73	27	100

在這項統計中，男性詩人在性別的份量中佔了73%，女性詩人是27%，在得獎者的年齡統計裡，不約而同的，三大報新詩獎的得獎者年紀集中於「26-30歲」。而且有趣的是，在「16-25歲」的區段裡，男、女性別的比例是不分軒輊的。

「26-30歲」，這個年齡可能仍在碩士班、研究所進修，或才剛接觸工作不久；而「16-25歲」則大多應還是在就學，或許我們也可以由此發現，創作新詩的靈感是越年輕越為旺盛。

再以三大報新詩獎分別析論，「聯合報新詩獎」的「年齡」與「性別」的分佈最為廣泛，比率最高的集中在「26-30歲」；「時報新詩獎」則是男性得獎者較多，亦廣泛集中在「26-30歲」，其次便為「41-45歲」，是三大報新詩獎中，得獎者平均年齡為最高者；「林榮三新詩獎」不僅是三大報新詩獎中每年頒發最多獎項，獎金也是最高的，使「林榮三新詩獎」開辦以來，徵稿量一直居於三報之冠；得獎者集中在「26-30歲」，男性得獎者次多為「31-35歲」，女性次多則是「21-25歲」，是三大報中得獎者平均年紀最為年輕的。

接著，我們再以這一百首詩作，與過去林于弘在《臺灣新詩分類學》[37]對1987年至2000年近百筆的年齡統計來比較，如下圖3-1：

---

37 林于弘，頁71-95。

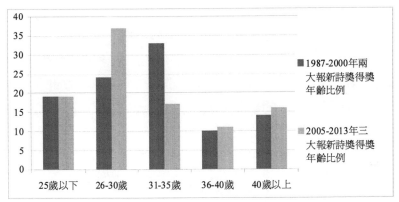

圖 3-1　三大報新詩獎得獎年齡比較
（1987-2000 年對比 2005-2013 年）

　　藉由「1987-2000 年」與「2005-2012 年」的三大報新詩
獎得獎年齡比較中，我們可以看到 2005 年以後新詩獎得獎者
年齡年輕化，從原先（前者）集中在「31-35 歲」降至後者
的「26-30 歲」。現今得獎者的身分背景，多以「學生」為
主，其次則為教職或編輯等職業身分，他們多有加入詩社或
網路詩版的經歷，並多具備著文學系的背景。除此之外，許
多得獎者不只集中在某個年齡區塊，從他們的生活背景，也
有發現所謂「文學社群」的現象 —— 得獎者會自行形成一個
「群聚」，這就好比埃斯卡皮所說的「班底」；例如丁威仁、
李長青、王宗仁、嚴忠政、紀小樣等人的「台中圈」，他們
不僅是新詩獎的常勝軍，還是多為獲得兩次以上的三大報新
詩獎得主。因為共同的興趣吸引了彼此，他們會不定時相互
討論詩作，也以參與文學獎作為彼此相互競爭的方式。就像
能掌握某種得獎的詩型或特色，講究技巧與形式，丁威仁與

李長青皆多次以向作家或偉人致敬的詩獲獎，嚴忠政與王宗仁則以文化、語言探究國族傳統的脈絡寫詩。然而，在東部也有楊書軒、張繼琳等「歪仔歪」幫的組成，他們以「敘事長詩」的詩型，成功獲得新詩獎評審的青睞。在年輕世代中，則有「風球詩社」的群聚，如林餘佐、林禹瑄、廖宏霖、楊智傑都是裡頭的代表性詩人。如此的巧合，似乎「得獎」這回事，真的是有模式可循？

（二）得獎作品的主題

　　就三大報新詩獎的歷史來看，它們具有某種傳統性的象徵。然而隨著時代的潮流不斷的改變，如同傅柯（Michel Foucault）所說的，「權力是多重的力量關係，無所不在，來自於四方。」[38]有天「非主流」，也可能一躍升為「主流」，例如夏宇拼貼的手法或後現代式的語言，現今逐漸為年輕世代所接受而成為流行。對於詩語言的歧異性，以及文字多變的解釋，我們可以抱有多元開放的胸襟與前衛的思考，所以新詩獎的形式可以更多元，不應該有太多的設限，這對於詩的發展會有很好的影響。

　　但是就現實面而言，目前政府機關、民間與報社所舉辦的新詩獎，絕大多數都還是以「單篇的投稿作品」而論，評審的重點還是回歸到作品的質地。在上述的得獎作品中，我們可以發現作品本身共通的特點：內容誠懇、富音樂性，其中許多意象所富含的意義，是可以讓多位評審做出不同的詮釋的。

---

38 傅柯（Michel Foucault）著，謝石、沈力譯，《性史》（台北：結構群，1990），頁 84。

　　爲此，本節試著比較三大報得獎作品的主題，但許多作品其實是多重主題交錯的。不少詩作裡的新意可能成爲評審中的亮點，或者是評審眼中的汙點。以下以表 3-2、表 3-3、表 3-4，分別呈現三大報新詩獎得獎作品的主題分類：

表 3-2　聯合報新詩獎創作主題

年份	名次	作者	題目	主題
2005 第 27 屆	大獎	攸步	多之舞	回憶生命的感嘆
	評審獎	丁威仁	德步西變奏 —— 致安地斯區難民	描寫戰爭殘酷
	評審獎	李長青	歡迎來到我們的山眉 —— 兼記南非小說家姆佩	人種歧視
2006 第 28 屆	大獎	陳羿溙	火星文	網路語言的新興
	評審獎	王怡仁	不能涉足的遠方 —— 雨傘節的自白書	島嶼記憶
	評審獎	李長青	六十七號的孩子們 —— 紀念 Lisa Tetzner（1894-1963）	戰爭殘酷
2007 第 29 屆	大獎	波戈拉	我是一只耳朵或更多	時間與生命的哲理
	評審獎	曹尼	同名殊途 —— 載蔣渭水返鄉	本土追尋的歷史
	評審獎	丁威仁	罌粟的真理 —— 致柬埔寨畫家凡納特	戰爭
2008 第 30 屆	大獎	蕭吟薇	出遊 —— 悼 P	悼亡
	評審獎	雷子瑛	SW11542	悼亡
	評審獎	廖宏霖	那些細節都走了	失愛孤獨
2009 第 31 屆	大獎	達瑞	石榴	失愛孤獨
	評審獎	游書珣	餐桌上的陌生人	種族紛爭
	評審獎	原筱菲	組詩：四方盒子	單戀之苦
2010 第 32 屆	大獎	林達陽	穿過霧一樣的黃昏	情愛的追尋
	評審獎	徐紅	彼時	情愛的追求
	佳作	張繼琳	今夏接近赤道	都市生活
	佳作	丁威仁	字音的流沙 —— 致母親	回憶故鄉

年份	名次	作者	題目	主題
2011 第33屆	評審獎	吳文超	受詞	人際關係的新解
	評審獎	張耀仁	在戀人的房間裡	情愛兩造的相處
	評審獎	黃胤誠	指認	人際的相處
2012 第34屆	大獎	高亮亮	瓶裝人生	以小寓大、託物感懷的人生觀
	評審獎	吳鑒益	寂寞喬治	文明消逝
	評審獎	王雄	識字歌	語言與文化的思辨
2013 第35屆	大獎	游書珣	穿過葉尖的名字	母愛
	評審獎	李振豪	動物園沒有	看待人生百態
	評審獎	趙犇文	證明	對文明的反諷與反省

表3-3　時報新詩獎創作主題

年份	名次	作者	題目	主題
2005 第28屆	首獎	甘子建	島	情愛的企盼
	評審獎	馮傑	牆裡的聲音	爲意識發聲的渴求
	評審獎	周若濤	在噩運隨行的國度	政治主題
2006 第29屆	首獎	辛金順	注音	語言文化的認同
	評審獎	曾琮琇	現代	批判現代與都市
	評審獎	木葉	春風斬	古典情詩
2007 第30屆	評審獎	林達陽	赴宴	情愛的企盼
	評審獎	嚴忠政	海外的一堂中文課	語言與文化的認同
2008 第31屆	評審獎	許嘉瑋	我與我所知的微型飢餓史	對理想國的企求
	評審獎	吳佳蕙	時光	舊情的緬懷
	評審獎	達瑞	樂園	愛情的企求
2009 第32屆	首獎	沈政男	演化	文明的追求
	評審獎	王振聲	等到我們的眼睛長出了眼	對家的緬懷
	評審獎	吳文超	跟你一起去旅行	生命與存在的價值
2010 第33屆	首獎	楊書軒	桃花源・2010	家族的故事
	首獎	許裕全	Fistula	身分與土地認同
	評審	方路	父親的晚年像一尾遠方蛇	親人逝去、家道中落

年份	名次	作者	題目	主題
2011 第 34 屆	首獎	陳宗暉	地圖作業	文明的反思
	評審獎	林禹瑄	對坐	愛情的回憶
	評審獎	陳昌遠	試著變得矯情	對愛情的期盼
2012 第 35 屆	首獎	波戈拉	造字的人 ——「文明，始於兩人之間的細節」	對愛情的看法
	評審獎	阿布	致死者	悼亡
	評審獎	陳胤	我的詩跟著賴和的前進前進	現對待文化的反思
	評審獎	張英珉	與達爾文對談	對於文明的反省
2013 第 36 屆	首獎	張繼琳	舊石器時代	文化的消解
	評審獎	涂宇安	機心宇宙	生命與存在的議題
	評審獎	蕭皓瑋	青春自述	對於青春的詰問與期待

表 3-4　林榮三新詩獎創作主題

年份	名次	作者	題目	主題
2005 第 1 屆	首獎	李進文	潛入獄中記	本土意識
	二獎	凌性傑	La dolce vita	感情的宣告
	三獎	林婉瑜	尋找未完成的詩	追尋語言
2006 第 2 屆	首獎	陳思嫻	卓瑪嘉因	追求人權自由
	二獎	甘子建	玫瑰的名字	對於生命的哲思
	三獎	張英珉	阿巴斯還沒醒來	戰火的殘酷
	佳作	若驩	可口可樂	童年的追尋
	佳作	林達陽	如果降下大雨	生命與存在的價值
2007 第 3 屆	首獎	吳國源	我的愛人總是回憶不起來	失愛孤獨的意識
	二獎	何亭慧	不存在的夏天	欲逃離都市
	三獎	鴻鴻	我現在沒有地址了	追求民權
	佳作	涂妙沂	她們正在穿越生命的河	家庭角色的扮演
	佳作	許芳綺	過於巨大的名字	渴求家庭的健全

年份	名次	作者	題目	主題
2008 第 4 屆	首獎	吳岱穎	回函：致拉撒若夫人	生命的價值
	二獎	河岸	更衣室裡的大象	對於文明的質疑
	三獎	林德俊	翻譯一個早晨 —— 給自惠明學校畢業的盲兒 JY	生命力的展現
	佳作	連明偉	遷徙	悼亡
	佳作	游書珣	甕裡的母親	悼亡
	佳作	吳承澤	科學小飛俠的 3 號珍珍	打破與反諷性別的物化
2009 第 5 屆	首獎	羅葉	在國小圖書館	校園的溫馨與孩子的可愛
	二獎	林餘佐	我親愛的植物學家	生命的價值
	三獎	Cry	永夜談	批判社會歧視弱勢
	佳作	李長青	黑暗之心	對於土地與文明的期盼
	佳作	葉衽榤	三月的翻譯	本土意識
2010 第 6 屆	首獎	張繼琳	寫生簿	與自然的行旅
	二獎	楊瀅靜	雙面維諾妮卡	面對婚姻選擇的意識展現
	三獎	吳文超	會議	諷刺集權者的真面目
	佳作	湖南蟲	我的名字就是我的詩	對愛情的宣告
	佳作	廖人	琥珀女孩 —— 致一個末期病童	面對生命的豁達
2011 第 7 屆	首獎	游書珣	公路之舞 —— 寫給段氏日玲與蘇珊娜	民權的追求
	二獎	蘇文進	滑鼠賦	上班族的無奈
	三獎	李長青	姓名學	本土意識
	佳作	徐佩芬	達蘭薩拉男孩 —— 致意一位只能懷念的朋友札西・東知先生	面對都市的批判
	佳作	王志元	靶心	生命的無奈與探求
	佳作	若騥	植有木瓜樹的小鎮	本土社會結構的變異

年份	名次	作者	題目	主題
2012 第 8 屆	首獎	黃岡	是誰把部落切成兩半？	對於都市文明的的嘲諷
	二獎	鍾明燕	重金屬	對於都市文明的批判
	三獎	林餘佐	薄霧：靜物被神描繪	生命價值的追求
	佳作	陳祐禎	婆羅門女在閻浮提海濱尋母	生命價值的追求
	佳作	楊智傑	1996	回憶過往的情事
2013 第 9 屆	首獎	王姿雯	情事	對愛情的想法
	二獎	田煥均	建築學概論	家庭的延續
	三獎	陳少	百生	生態哲理
	佳作	王天寬	保佑所有已經蓋了的房子和慈悲的空地	對都市的質疑
	佳作	蕭詒徽	甜蜜的家庭	反諷家庭的和諧

從以上的整理來看，詩人得獎是必然？還是偶然？本文再試著從這一百首的詩作中，從「內在」與「外在」的部分再次分類，「內在」以探究自我「生命與存在的反思」或對於他人「情感的企盼與感嘆」作為代表，「外在」則是環境的影響所造就，例如觀照外國的歷史而產生的反省、或者也可以從本土意識出發；或是對現代文明的質疑所產生的三大類主題。於焉，三大報新詩獎得獎作品創作主題概分如下：

表 3-5　三大報新詩獎得獎作品創作主題統計

	聯合報（％）	時報（％）	林榮三（％）	三大報（％）
情愛的企盼與感嘆	22	36	4	21
生命與存在的反思	27	23	38	34
外國歷史的反省（含戰爭省思），追求民權平等	17	7	11	12
都市與文明的質疑	14	19	20	16
本土意識與文化的企求	20	15	27	17

　　對於三大報新詩獎作品的主題分類，呈現如此大的差異，想要獲得新詩獎的評審青睞，在主題的選擇與內容的書寫，似乎我們可以針對不同的新詩獎展開某種主題選擇的寫作策略。

　　從以上的表格可以發現幾個現象：探求自我內在的「生命與存在的反思」主題在三大報新詩獎獲獎的詩作主題是總數最多的；在「聯合報新詩獎」得獎詩作裡，除了「生命與存在」最多以外，「情愛的企盼與感嘆」為次，不過整體來看，各類型主題的分布是相當均衡的；在「時報新詩獎」的得獎詩作中，以「情愛的企盼與感嘆」數目最多，當然，單純的情詩主題自然不易討好，得獎者因而紛紛運用託物詠懷的方式，多層次的展現情愛的思維；然而，他們在「歷史的反省」一類的主題表現則相對較少；令人意外的是，「林榮三新詩獎」的得獎作品中，最多的並非「本土意識」的作品，最多的卻是「生命與存在」之主題，一來追求本土意識的作品不容易寫，且容易顯得太教條化，難以展現其文學技巧，一來可能評審有意識的避免這類作品投稿的氾濫，更用心來看待作品[39]，讓更多元的優質作品能夠被大眾看見，然而，林榮三新詩獎在「情愛的企盼與感嘆」主題部分則是顯得相對的少。

　　接著，除了作者選擇主題的慧眼以外，我們也能藉由創作作品的形式與文體來分析。

39　例如，「林榮三新詩獎的特色就是有特別多的作品是使用本土、民權、監獄的題材。」參自與楊宗翰的訪談，見附錄六。

（三）得獎作品的形式與文體

　　除了談論得獎作品的主題以外，本文試著在下文探討 2005 年到 2013 年得獎作品的形式與文體，再試著就其創作面向來談論：

1.得獎作品的形式

　　用字的長短和詩作的好壞也許沒有直接關係，但長句能容納較多的內涵意象卻是不爭的事實。「一寸長，一寸強」的優勢，確實也在文學獎的得獎名單中大放異彩，因此在「形勢比人強」的現實條件鼓舞下，長句的氾濫恐怕仍將在文學獎的殿堂上持續發燙？[40]

　　這是詩人學者林于弘過去在研究 1987 至 2000 年兩大報新詩獎時的研究發現。然而，到了今天，詩的長短是否也是影響獲獎或被注意到的一個關鍵呢？本文特別就三大報 2005 年至 2013 年的得獎詩作統計其平均字數／行數的關係，整理出下圖：

40　林于弘，頁 84。

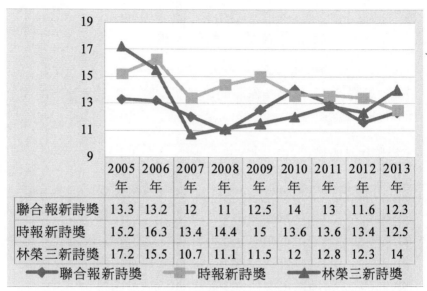

	2005年	2006年	2007年	2008年	2009年	2010年	2011年	2012年	2013年
聯合報新詩獎	13.3	13.2	12	11	12.5	14	13	11.6	12.3
時報新詩獎	15.2	16.3	13.4	14.4	15	13.6	13.6	13.4	12.5
林榮三新詩獎	17.2	15.5	10.7	11.1	11.5	12	12.8	12.3	14

◆ 聯合報新詩獎　　■ 時報新詩獎　　▲ 林榮三新詩獎

圖 3-2　三大報新詩獎得獎作品的行/字數比較

　　顯而易見的，這些得獎者絕大多數都是盡可能的逼近徵文上限。在這九年內，聯合報新詩獎的規則都是「四十行、六百字」；因此，聯合報新詩獎得獎作品的用字量，是三大報新詩獎中最為節省的。當然，使用綿長的文句確實也可以塞入更多的意象與想法。「時報新詩獎」自 2005 年以來，維持三十行為上限，但後來在 2009 年，因為下修至二十行為上限，雖然吸引到破千的投稿量，但值得注意的是，詩行短，卻使每行使用到更飽滿的字數；而一層又一層的詞藻「包裹」，招致當屆的評審普遍感覺到水準下降，不懂作者在寫的是什麼？隔年，時報新詩獎就又回到了三十行的徵文上述規定，一直到 2013 年，時報新詩獎推出了七十行徵文。「林榮三新詩獎」則一直是維持五十行的規格，可以讓全國的投

稿者能夠盡情的發揮。

2.得獎作品的文體

在此，本文將詩歌的文體分作：分行詩、散文詩、組詩。分行詩，是最常在新詩獎看到的文體，在 2005 至 2013 年的一百首得獎詩作中，「5 段」的得獎詩作是佔最多的比例，彷彿「起、承、轉、反、合」五大基礎架構；其次則為「1 段」，創作者運用不分段的玄機來創造詩思的歧義；再來則就是「4 段」、「6 段」、「7 段」。其中比較特別的是，有些詩作是運用簡潔而反覆吟詠的形式，詩句內的文字雖少，段落卻很多。例如何亭慧的〈不存在的夏天〉，共有 17 段，每段只有三行，製造出鮮明的意象後，便匆匆運鏡轉到下一個現場；或如河岸的〈更衣室裡的大象〉，共有 15 段，運用反覆的層遞、頂真，也是每段只有三行，讓詩作的架構看似靈動，有更多補白的空間給予讀者想像。

組詩，占了近九年三大報新詩獎得獎作品中 9%的比例。早年徵求敘事詩時，經常能夠看到「組詩」的形式，在規則裡明訂縮短行數以後，在得獎詩作中的「組詩」也慢慢減少。聯合報新詩獎裡頭僅有〈組詩：四方盒子〉，用不同的居住空間象徵內心的情感空間，最後內縮至自我情感的燃燒；時報新詩獎則為〈父親的晚年像一尾遠方蛇〉與〈機心宇宙〉，前者以四首組詩創造出戲劇效果，面對親人已故的而重新看待人生，後者則是藉此從古典意象出發，營造出現代都市機械化的氛圍；林榮三新詩獎則有〈可口樂園〉、〈寫生簿〉、〈公路之舞 ── 寫給段氏日玲與蘇莉娜〉、〈姓名學〉、〈靶

心〉、與〈情事〉作爲代表，分層傳遞不同的情感。

最後，則爲「散文詩」。散文詩，基本上指的就是「分段不分行，是用散文的分段形式寫出來的詩。」[41]在得獎作品中，只有一首蕭詒徽在2013年獲獎的〈甜蜜的家庭〉。

在新詩獎的場合裡，來稿的詩作本來就五花八門。但在得獎作品中，仍能看到某些偏向的詩作，雖然好的詩作不應受到此限，但每年得獎詩作的呈現，也象徵評審的在這個時代的品味，也爲後續的作品帶來廣大的影響。

---

41 蘇紹連，《散文詩自白書》（台北：台灣詩學季刊社，2007），頁7。

第四章　三大報新詩獎的回饋與影響

當「聯合報新詩獎」、「時報新詩獎」走過三分之一個
世紀，連同「林榮三新詩獎」的加入，三大報詩獎合計高達
八十一屆，三大報新詩獎已然被當作是新詩獎的最高殿堂。
在這裡頭，產生數百位的得獎者，其中不乏現今在文壇中閃
亮的星星，卻也有泰半詩人已消失在詩壇。那麼，新詩獎本
身帶給詩人們有什麼影響呢？

回歸到三大報新詩獎的評審運作規則，新詩獎得獎作品
需經過多重的關卡，在初審、複審及決選的過程中，不僅受
到不同評審委員的檢驗，而且隨著近代網路發達，在眾中取
寡的得獎作品公布以後，也引起網友們熱烈的討論。這些作
品在詩壇具有特別的地位，代表不同年代所集聚的評選觀
點，也有可能影響新詩創作的詩風，在評選的「力場」中，
是否有某種詩潮或隱或顯地在裡頭拉鋸，而創作者是否會因
為過去的得獎作品而受到影響？

關此，在二十多年前，詩人向明在〈詩獎衍生出的問題〉
[1]一文中提到，大致可由兩方面來檢視，一來是對於「評審機
制」的質疑，他好奇許多評審在評審過程裡，為什麼會願意

---

1 向明，〈詩獎衍生出的問題〉，《臺灣詩學》，第 12 期（1995 年 9 月），
　頁 8-9。

改變自己的意見，從原先對作品不存好感，到後來大力支持作品，甚至得獎；二來則是許多得獎者能透過類似的形式與語法，先後獲得兩大報的新詩獎。這兩個問題即便擺在今天，也值得深入討論。

　　承前文討論三大報新詩獎的設獎辦法與機制以後，在此所要探討的是，在三大報新詩獎的得獎名單公布以後，是否會對那些得獎者及寫作者帶來後續的影響？例如，得獎者是否會感覺到因此較為容易通過出版社的審核，更容易出書？又或者，得獎者會感覺到更容易得到政府補助的機會？或是因此獲得邀稿或邀請座談、演講的機會？得獎者是否會掌握到得獎訣竅，屢次得獎？更甚至將這類得獎作品的風格，擴大形成一種模仿的現象？這些都是我們即將探討的對於得獎者及得獎行為所造成的影響。本章期盼找到新詩獎以及新詩獎作品所帶來的影響，試著從訪談的諸位詩人對於新詩獎的看法找到答案。

第一節　新詩獎制的回饋意見

　　文學獎選出來的作品，可能是被評審所認同的詩型，也可能象徵一個時代的詩觀。新詩獎最直接的利誘，即為豐渥的獎金，也是讓人去認識詩人的管道。即便，文學獎已經難像過去讓作者「一戰成名」，但仍能因為千中取寡，旁觀者也會注目。因此，本文也訪問到一些曾獲得新詩獎的詩人，詢問在近十年在獲獎以後的寫作經歷，是否有感受到什麼明

顯的差異？

　　因為新詩獎的設立，從正面來想，詩人林禹瑄表示，「有動力鞭策自己寫出比較有突破性的作品，現實一點的理由，就像那些獎提供的獎金，可以供投稿者書寫的動力。」2而張繼琳表示，「有了得獎『招牌』，當然不否認短期有其幫助，比方演講或當評審之類的。」3青年詩人林禹瑄則認為，

> 像是之前（2011 年第 34 屆時報文學獎新詩組評審獎）因為參加頒獎典禮，有這個機會能從評審老師認識作品，到認識幾位文壇作家老師本人。有時候也會因為這樣，例如副刊會有邀稿的可能。另外，之前也因為得到 X19 詩獎，在過了幾年以後，在許赫大哥及國藝會支持之下，出了第一本詩集《那些我們名之為島的》，然後在最近也出第二本詩集《夜光拼圖》，也都是有獲得國藝會的出版補助。4

　　甚至，「得獎」這件事還能建立在貼補家計上。有些詩人能在一年中獲得大大小小等二十多項獎，為此被稱作「獎金獵人」、「最佳小獎王」，其不斷參賽背後的原因，就是為了能夠維持生計。因為「當一位詩人」，是難以成為一項兼顧家庭的職業，所以就結合自己的創作興趣與能力，不斷參與比賽，讓自己能有更多的時間專心在創作上。但或許，

2 林禹瑄，與作者訪談，當面訪談，台北，2014 年 1 月 20 日，見附錄六。
3 張繼琳，與作者訪談，電子郵件訪談，2013 年 12 月 25 日，見附錄六。
4 林禹瑄，與作者訪談，見附錄六。

許多對於這些「得獎專家」的批評不應只指責不斷獲獎的現象，而未去關注詩作本身。「得獎」畢竟還是經過美學的審核，通過眾多評審的認可，才能獲得萬眾矚目的文學獎項。

但這樣榮耀的感覺也非必然，如曾琮琇在得到新詩獎以後，覺得「其實並沒有太大的差異，因為文學獎太多了，根本不會有人記得誰得過獎。」[5]王志元則認為，「生活上並無太大差異，可能是因為我周遭朋友其實不太關注文學獎。」[6]關於這些論述，或許謝三進對於新詩獎的觀察與體悟，可以補足這部份的看法：

> 我個人是因社團活動與機緣而先獲得邀稿機會，其後才慢慢累積得獎成果。然而得獎之後，也並未因而增加寫稿的機會。或許因為是新詩項目，並非市面報刊雜誌著力經營之處。[7]

投稿、得獎，本來就是幾家歡樂幾家愁，但因為是眾裡取寡，也格外會引起外界的注意與討論。像是得獎作品的內容，是否和其他的作品內容雷同？以 2007 年時報新詩獎為例，當時的首獎作品就是遭到網友舉發進而取消得獎資格，見圖 4-1、圖 4-2，許多網友甚至也作起偵探，來分析這件事端的緣由，以及被認定為抄襲方與被抄襲方的兩方說詞是否合理：

---

5 曾琮琇，與作者訪談，電子郵件訪談，2013 年 12 月 14 日，見附錄六。
6 王志元，與作者訪談，電子郵件訪談，2013 年 11 月 5 日，見附錄六。
7 謝三進，與作者訪談，電子郵件訪談，2014 年 1 月 2 日，見附錄六。

```
◆ From: 61.63.7.225
推 stanlyleu:好刺激的新聞喔@!@...                              11/08 18:15
推 comtak:恩~ 酷                                              11/08 19:41
推 Lemon68:天，這種事真不知道該說什麼，不過現在抄襲的作品真的很多    11/08 20:17
   Lemon68:以我們學校文學獎，就有好幾篇入選作品都是抄歌詞或他人詩    11/08 20:18
   Lemon68:抄襲的創作者真的很糟糕                               11/08 20:20
推 vm3cl4bp6:不只作品差了，現在的文學獎連參賽者也...  科科          11/08 21:07
推 lavieboheme:兩詩比對之後 抄很大! 幾乎完全雷同 無論是結構或意象    11/09 00:27
推 kaplan:http://www.wretch.cc/blog/redstairs&article_id=11378046  11/09 00:49
   kaplan:原作否認耶                                           11/09 00:50
推 DreamsChild:被抄襲者 劉哲廷先生 本身過去也有抄襲他人的紀錄..XD    11/09 01:08
推 stanlyleu:所以說樓上的大爆料XD 抄人者人恆抄之@@???              11/09 09:56
   stanlyleu:會不會像雙面微諾妮卡 真的莫名的出現大致一樣的作品XDD    11/09 09:57
推 archerhenry:我覺得這兩篇如果真的是巧合也說得過去耶...           11/09 10:24
推 kaplan:若真是巧合 兩位作者應該交個朋友 太浪漫了                 11/09 12:57
推 dreamabout:我覺得這兩篇文句幾乎一模一樣耶                      11/09 18:30
推 stanlyleu:如果真的巧合 可以推 在一起 在一起這樣XDDD             11/09 19:33
推 a007:文中的網址連結是劉的詩，請問哪裡能看到磊的詩呢?            11/09 22:25
推 a007:我想比對一下。謝謝各位。                                 11/09 22:26
推 archerhenry:八樓有po磊的網誌，可以去那裡看                     11/09 22:52
推 a007:可是網誌裡找不到該詩                                     11/09 23:25
   a007:找到了。                                              11/09 23:29
推 xxxeeelove:這證明一件事，得第一名的應該是劉哲廷。名義上算是x"    11/15 02:22
```

圖 4-1　批踢踢實業坊文學獎版 2007 年 11 月 8 日 18：03：09 由
　　　　goniker 所發表〈取消本屆時報文學獎　新詩首獎獲獎資
　　　　格〉討論串

```
--
※ 發信站: 批踢踢實業坊(ptt.cc)
◆ From: 61.62.171.95
推 Lemon68:看的一頭霧水，那麼一大篇總結就是:劉可以更改文章時間      11/18 17:22
   Lemon68:但老實說，劉何必花這麼多工夫只為了讓李得不到獎?自己又    11/18 17:23
   Lemon68:沒好處，就像板友說的，無論如何有先來後到，李還是處於劣勢  11/18 17:24
推 Nashooko:他不只是說可以改時間，還提到在查過過去的PO文紀錄當時    11/18 18:32
   Nashooko:，沒有看到當時有Dear Howard這篇文的紀錄。反而有其他現   11/18 18:33
 → Nashooko:在根本沒出現的文章紀錄...也就是說即使去找過往的庫存也   11/18 18:34
 → Nashooko:沒辦法證明Dear Howard是先PO的。                       11/18 18:34
 → Nashooko:但話雖如此，我還是傾向於劉是原作...因為真的沒有去專門   11/18 18:34
 → Nashooko:找李來攻擊的理由。，感覺對他沒好處一除了曝光率外        11/18 18:35
推 lavieboheme:時報不是還有詢問過數位人證? ex:阿讓、蘇紹連...etc?   11/18 20:05
   lavieboheme:http://0rz.tw/273kd "Dear Howard"和劉的作品的比較   11/18 20:13
推 frafoa:不相信劉。過天抄襲一輩子死刑!對不起，這是個人價值觀。     11/18 20:58
   dreamabout:我也覺得劉不太可能沒有誘因)去盜磊的得獎作品          11/18 22:57
   dreamabout:就算磊得不到獎 獎也不會變成他的 他又不認識磊         11/18 22:57
   dreamabout:除非他跟她有深仇大恨 不然沒必要這樣做吧== "          11/18 22:57
   dreamabout:而且很多人一致認為磊寫的那篇比劉寫得好 劉這樣反而     11/18 22:58
   dreamabout:有點自暴其短吧XD 真的覺得不合理。                   11/18 22:59
推 chuck158207:重要的是，找不到磊有罪的證據啊。無罪推定原則，       11/26 10:48
```

圖 4-2　批踢踢實業坊文學獎版 2007 年 11 月 18 日 17：12：09 由
　　　　vm3cl4bp6 所發表〈Re：取消本屆時報文學獎　新詩首獎
　　　　獲獎資格〉討論串

　　BBS（Bulletin Board System）指的就是電子佈告欄系統，PTT（批踢踢實業坊）成立於1995年，是目前國內最大的電子佈告欄系統，在BBS裡，網友們能進行匿名、快速、開放的言論交流。我們可以從以上的留言裡看到，有網友結合自己的經驗，指出自己學校的文學獎也有許多作品都有抄襲成分；也有網友進行資料搜索，揭露當時的被抄襲者劉氏作家似乎也有抄襲的前例。見圖4-1，這篇的文章是在確定2007年時報新詩獎首獎被取消資格以後所發表的，我們可以看到當時的言論是一面倒的「接受」抄襲者磊兒抄襲得獎的事實；但我們再看到圖4-2，這篇是在事件發生十日以後出現，有網友質疑是有程式可以更改網誌的發文時間，被抄襲者劉氏作者是否也能透過這樣的程式，在得獎作品公布以後，再將這首雷同的詩作擺在網路上，並將發文的時間調至徵文的時間以前？

　　於是，底下的回應從原先一面倒的認定抄襲事實，產生了動搖，讓人質疑是否為劉氏刻意而作之？然而，最後這部份的結果是磊兒當年的得獎資格被取消，首獎從缺。但相似的情況也發生在2012年聯合報新詩獎的首獎，大陸詩人高亮亮被網友舉發，〈瓶裝人生〉是否已在網路上發表過？誠如圖4-3所示，在作品底下引發爭論的討論串：

‧發表者：支持鄭毓

‧標題：有話

聯合文學獎名單尚未公佈，〈馴虎〉的作者便搶先敲鑼打鼓，請媒體來訪問，不只節錄內文，還請了大師撰文美評。搶先一步聯合文學獎公告，這詩首獎作者，作品已放上網，被檢舉後又心虛撤下。殊不知這等小動作已被人看得一清二楚。高亮亮現在心虛一定很鮮，或許最終拿不到獎，還拾聯合文學獎若不採取行動，已與姑息養奸無異。

或者，需等其它作品陸續見報，才可以一網打盡那些文壇敗類？

簡單一句，聯合文學獎是文學桂冠上的珍珠，不得那些文學獎取巧者玷污。

‧發表者：鄭毓

‧標題：正義呼聲

希望聯合報徹查此事。

該作者用一篇兩年前已經在網絡上公開刊登過的舊作，稍作修改，就當做新作參賽；

兩稿相似度達百分之八十以上，整體上可視作同一首詩。

作者已經違反了徵文規則，雖然事後火速撤文，妄圖刪除原稿，但是網絡有存檔，還是露了馬腳。

希望聯合報不要奉負所有遵守比賽規則的作者們，更不好欺瞞了聯合文學獎的聲譽。

以後每個作者都如法炮製，那還了得？

‧發表者：相信公平原則

‧標題：等待聯副聲明

已讀過作者原先發表在網絡的原文。

雖然他作賊心虛，但已犯了規。

現在只等聯副發表聲明。

讓他還是，保住聯合文學獎的名聲。

‧發表者：過客

‧標題：無

說看不懂的人，其實滿誇張的，這篇已經夠簡單了……

‧發表者：人生海海

‧標題：依然違規

兩岸國情不同。

聯合文學獎是一個公平的競賽平台，所有參賽者就得遵守規則。文章登出來，就應該接受檢視。

我相信此刻，聯副已開始著手調查。

作者摸不到即刻撤文也沒用。

那些試著取巧以得文學獎者，聯合文學獎容不得你。

‧發表者：燕青

‧標題：會飛一翔的艾麗絲！算了吧！

會飛一翔的艾麗絲！你真的很厲害，老掉牙的事都記得，還保存那麼清楚。佩服！──具有CIA情報員的實力。

雖然，我對瓶鐵人生質疑，不是他不該得首獎，而是我看不懂。

不是他曾經在網站上被刊載過，就沒有資格。網路在我印象中，就是虛擬的東西，有也算沒有。──這是我的認知。只要是評審（即使我如何質疑他

一篇不管寫得如何的文章，管他在網路上公佈過沒有，（只要沒出刊發行紙本。就行）好不容易得到評審的青睞，得了冠軍。

就算有你說的那種瑕疵。我依然慈悲的想說，哎！算了吧！就給他吧！──要在幾百篇文章中說穎，很不容易。這是命。

至於，規則──管他呢！這年代，世間一本來就沒有真正的規則。

所以我說，會飛一翔的艾麗絲！算了吧！

雖然，我仍然要說，那瓶鐵人生，我看不懂！

‧發表者：會飛的艾麗絲

‧標題：舉報！！！！！

此文兩年前已在網路上發佈過，雖然作者已將原文刪除，但是百度快照還保留著，見此：http://cache.baidu.com/c?
m=9f65cb4a8c8507ed4fece7631045893153578b613ec0d0622f8ace1dc3231a564711b2e6783f4e598684616300a94c5aeaf5366537747af1c4969c0

作者的豆瓣網頁：http://www.douban.com/people/1913243/

請台灣的文友向聯副舉報，這種違反規則的參賽行為，是對評獎制度的公然挑釁，也是對其他參賽者的不尊重。

如果寫的好也就算了，偏偏寫的這麼垃圾，令人無語。不舉報說不過去。

如果以上鏈接看不到，我存有百度快照的截圖鹼據，可聯繫我：flyalice521@163.com

・發表者：燕青
・標題：沒有感動的年代
終於看完了公佈的首獎作品，

小說獎，看見一個失業的男子，牽著三歲小女孩，東逛西逛，不然就回家打電動，一副失魂落魄的樣子。

──可能很符合現代社會的實況，評審用特殊的感受，或許也是自我情境的認同，（近年代可能文人都失業吧！）將本文捧上了冠晃。

──小女孩可能是靈魂的投射，還是評審主動告訴我們的，讀者不知道有多少人看出來？也許我國文程度差，最怕還是，靈魂 連作者都不知道，只：

新詩首獎，說實話，我反覆看了好多遍，都看不懂到底在寫些什麼？

──我一直以為，新詩應該像鄭愁予、余光中、席慕蓉，他們那標的品味感覺及模式。只能說評審比我們厲害，了解作者心思。

──所以我猜，鄭愁予、余光中、席慕蓉三位大師來參賽，都可能都會落選。

散文首獎，有了上述經驗，我想還是不要去閱讀了吧！免得又看不懂，再次證明自己國文很白痴。

──有一種可能，現代人文學水準差了。這樣首獎的作品，不論小說新詩散文，只得到評審的高度認同，讀者沒有感動，甚至白瞪像我，竟有些看？

──還有一種不可能，我曾參加卡拉OK歌唱比賽，最後得名者，都是主辦店家自家的槍手。我們只是陪考。──當然，我們堅信聯合報系的品牌，不

・發表者：范規
・標題：聯副應採取行動
此文已在網絡發表，為何聯副依然袖手旁觀？
別把自己設的遊戲規則給破壞了。

・發表者：syc50516
・標題：我建議
我建議這首詩要以簡體字來刊登。
無論是目視橫掃時，文字密度或者用諧給人的感受，都會更貼近對岸的荒謬文學的氣味。

・發表者：東東
・標題：轉貼
網上有人檢舉此文已發表過。

圖 4-3　2012 年第 34 屆聯合報新詩大獎作品
〈瓶裝人生〉底下討論串[8]

　　此討論串是出現在「聯合新聞網」官方網站所公布得獎
作品的網站裡，網友們在得獎詩作底下所依序提出的質疑。
與 2007 年時報新詩獎首獎作品被取消的狀況不同，2007 時
報新詩獎是在網路上引發熱議後，引來主辦單位的關注，經
由反覆的查證，進而取消該次獎項。對於 2012 年的〈瓶裝人
生〉，我們看到網友們提出的問題有兩方面：一是這篇作品

8　〈2012 年第 34 屆聯合報文學獎新詩大獎 ── 瓶裝人生〉，見《聯合新聞
　網》網站，網址：
　http://mag.udn.com/mag/reading/storypage.jsp?f_ART_ID=413305，瀏覽日
　期：2014 年 3 月 20 日。

已然在中國的網路上發表過，為何獲獎資格未被取消？二則
是質疑這篇作品的質地，評審怎麼會選這麼淺白的作品？在
這方面，雖然未影響此作者的獲獎資格，但也造成主辦單位
舉辦文學獎的壓力，雖當時未見主辦單位公開回應，或許間
接導致聯合報文學獎後續的停辦意願。

　　除了得獎作品會被網友受到檢驗以外，得獎者的身分也
會讓許多網友質疑文學獎的立場是否中立？在 BBS 版的批
踢踢實業坊（ptt.cc）的文學獎版（Literprize）作者 kpg 轉貼
標題為〈〔情報〕2013 第 36 屆時報文學獎完整得獎名單〉
的文章，就引起網友廣泛的討論，如圖 4-4：

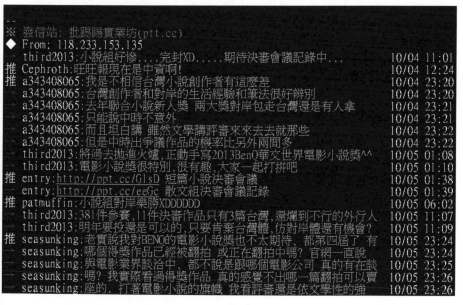

圖 4-4　批踢踢實業坊文學獎版 2013 年 11 月 3 日 11:01:40
　　　　由 kpg 所發表〈〔情報〕2013 第 36 屆時報文學獎
　　　　完整得獎名單〉討論串

　　因為在 2013 年時報文學獎的得獎者，大多是來自大陸對岸，而兩岸不同的語法相當容易辨認，也讓網友們質疑是否評審就是偏愛大陸作品？另外，他們對於評審的組成和素質也感到疑惑。

　　其實，不只是對於得獎名單的評論，在每年的評審名單公布以後，也會有許多人對於評審名單的組成產生困惑，認為他們選出的得獎作品，未必是當時最好的名次。但是即使如此，主辦單位對於評審的組合也不會因為如此有太大的轉變，因為他們本來就是隨機而盡力去均衡各種詩觀面向、性別、以及省籍的詩人。此外，通過便捷的網路，不只可以使匿名的網友們討論，詩壇知名作家也可以透過「臉書」彼此來交換對於詩作的意見。以 2013 年聯合報新詩獎得到首獎的作品〈穿過葉尖的名字〉為例，筆名靈歌的林智敏與蘇紹連在「臉書」上也對於新詩獎的評審結果的反應加以討論：

林智敏　剛剛看到年輕詩人對選出這樣的首獎詩，不大以為然，因為沒有個人特色，顯得太安全平穩，覺得詩重要的是開創而獨特。說得也有理，但只是一部分，獨特而沒有愛與理想，讓大部份讀者無法親近，就真的是好詩麼？三位評審的詩都較溫暖，富人性愛，讓讀者多讀幾遍後願意親近，所以他們選出這樣的詩。有一天，當得獎的全是強調個人特色而排除讀者感受時，那又會是怎樣的詩壇與詩風。

　　15 小時前　讚　5

蘇紹連　我讚同您的看法。年輕時，我寫詩也很講求獨特，力求與眾不同，所以多做實驗，在詩中放進很多異質，或是跨界到別的文類（小說、劇本、散文……），或是超文本等等；其實，現今我追求的「無意象」，亦是很獨特的風格，許多一直在意象中打滾的詩人不見得做得到。但是，一首好詩，不在於獨特或不獨特，獨特而寫得很爛，如何能在文學獎中騙過評審？評審哪裡不會考慮到「獨特」這一項目。一首好詩，其得獎的因素很多，若有心評論文學獎的詩怎樣怎樣，應全面理解才來論斷，遽然只求「獨特」而不做週延的考慮，徒然給人識見狹隘之歎而已！

15 小時前　收回讚　12

圖 4-5　蘇紹連　臉書（網址：https://www.facebook.com/shaolian.su），
　　　發表日期：2013 年 9 月 16 日。

文學獎的獲獎本來就是相當主觀的，也會引發各種面向的討論。在發表的平台，除了以上所述的平面報刊、網路 BBS，甚至也可以透過「臉書」，在網路上表達對於新詩獎作品的看法。回到新詩獎本身的機制，眾多創作者其實擁有更多的期待。文學獎常勝軍李長青認為，

　　若得獎作品之間的表現差距非常小，則不需硬排出名次。許多時候，名次是弔詭的。可主動發掘、鼓勵時常發表、持續寫作的寫作者。獎金應該再更大幅提

　　高，最好提高到讓社會大眾都知道：原來文學這個東
　　西也是有其『有形價值』的，且產值頗高，如此，會
　　有更多人願意投身文學相關產業，帶動整個文學環境
　　邁向更好的境地。[9]

曾琮琇則就文學獎作為一個「發表平台」而論：

　　文學獎作為一個發表平台，使新詩這個小眾文體有書
　　寫的空間。不符合『文學獎』的新詩作品自然會生成
　　自己的市場。

新銳詩人陳亮文則對於重複得獎的現象，認為可以

　　落實創作新人的鼓勵機制，文學獎的主辦單位應限制
　　同一位作者的得獎次數。在我想法中，一位作者在同
　　個文學獎獎得過三或四次，就不得再參加該獎項。[10]

　　在這方面，時報文學獎就有規定若獲得過該文類的首
獎，近五年就不得再參與該文類。另外，對於文學獎學金的
分配，「文學獎的獎金分配應採用等差級數，而現行辦法採
的是等比級數。在我想法中，第一名和佳作獎金相差十倍，
是非常弔詭而且不公平的配置。」[11]

9　李長青，與作者訪談，電子郵件訪談，2013 年 12 月 12 日，見附錄六。
10 陳亮文，與作者訪談，電子郵件訪談，2013 年 11 月 26 日，見附錄六。
11 同上註。

謝三進則提到文學獎影響創作者創作主題甚深：

> 文學獎的世俗作用（高額獎金）便逐漸高於藝術效果
> （技巧磨練與修正）了。甚至變成干擾，每年有限的
> 寫作配額都被文學獎牽著走，由原本緣情而發，變為
> 看題說故事。[12]

　　凌性傑、林餘佐則是提到對於目前單篇作品而論的文學
獎，覺得可以「轉型成以出版品為主的競賽」。關於這一部
分，「聯合報文學獎」主辦單位將有所具體回應，那就是在
2014 年即將舉辦第一次以「出版品」來評選的文學獎，也是
眾多報業舉辦文學獎裡，首度跳脫以單篇作品來評選的文學
獎。這樣的結果萬眾矚目，或許能逐步扭轉現金文學獎林立
的現象，引領文學獎轉型的新風潮；或許，成為一顆丟進大
海的小石子，激起一陣子的漣漪後便沉入大海底下，這都仍
待時間來見證。

第二節　得獎者與得獎作品的影響

一、得獎者的影響

　　得獎的詩作是否真的會成為一種模範，讓後續的參賽者

---

12 謝三進，與作者訪談，見附錄六。

當作是「考古題」來仿效呢？張繼琳在看近年的得獎作品，
則有以下意見：

> 歷屆得獎作品常常成為有志者的「考古題」，或者是
> 成為風格的模仿。近來則是感覺年輕創作者風格相似
> 度太高，難以辨識。[13]

是否真的有某些詩型或主題，會較受評審的青睞嗎？在
投稿前，創作者是否會有什麼樣的準備？詩人楊書軒即舉出
自己過去參與文學獎的例子：

> 會看看近年來的得獎作品，有何特質嗎？看看評審是
> 誰？最重要的是，我獨特的觀點有嗎？我是否觸及到
> 更深的命題？我會這麼問自己？現在若要投稿，則完
> 全不考慮別的，投了就是。[14]

以第一屆「林榮三新詩獎」首獎的〈潛入獄中記〉為例，
李進文的詩即揉合了賴和的歷史故事及抒情技巧，後來這樣
的得獎詩風似乎也成為一種被模仿的效應。以楊宗翰在「林
榮三新詩獎」擔任多年初審評委的經驗來看，在面對大量的
作品中，他看到關於「監獄」的作品特別層出不窮[15]。

2006年「聯合報新詩獎」首獎與「時報新詩獎」頭獎的
作品，皆以網路新文化作為主題。後來來稿作品也多從這個

---

13 張繼琳，與作者訪談，見附錄六。
14 楊書軒，與作者訪談，電子郵件訪談，2014年1月5日。見附錄六。
15 楊宗翰，與作者訪談，見附錄六。

主題來入手，時至 2009 年，參與時報新詩獎決審委員的向陽發現這樣的作品越來越多，指出：「關注台灣社會的題材少了，網路語言的題材相對多了。」[16]

二、得獎作品的字數與文字表現

得獎詩作一定是要「寫滿」嗎？爲了探究這個現象，讓我們再藉由表 4-1 來比較逐年的三大報得獎詩作在每行所使用的字數：

表 4-1　三大報新詩獎行數、字數與行/字數 統計

	聯合報新詩獎			時報新詩獎			林榮三新詩獎		
	行數	總字數	字/行數	行數	總字數	字/行數	行數	總字數	字/行數
2005 年	36	477.3	13.3	29.3（30）	446	15.2	45	776	17.2
2006 年	35	461.3	13.2	26.3	428.7	16.3	44	682	15.5
2007 年	34.7	417	12	23.7	318	13.4	43.8	467.2	10.7
2008 年	36.7	404	11	28.7	412	14.4	44.7	494	11.1
2009 年	36.3	452	12.5	19.7（20）	296.3	15	44	507.8	11.5
2010 年	39.3	551.3	14	30（30）	408.3	13.6	48.4	581.6	12
2011 年	40.7	530.7	13	29.7	402.7	13.6	48.3	615.9	12.8
2012 年	36.7	424.7	11.6	39.8	532.8	13.4	42.6	526	12.3
2013 年	36	443.3	12.3	63（70）	784.7	12.5	45.4	635.4	14
平均			12.5			14.1			13

---

16 2009 年時報新詩獎決審記錄。參陳仕哲記錄，〈航向詩的新紀元〉，《中國時報》，2009 年 11 月 9 日，E4 版。

　　時至今日，盡可能在有限的行數長度裡塞滿各種意象，這種現象似乎仍然存在著。再以2013年時報新詩獎首獎〈舊石器時代〉為例，張繼琳將原來長達一百多頁長詩的硬是濃縮成數十行參與投稿，他認為：

> 即便，特別去找題目寫作，對我來說是痛苦的。我得獎作品其實大多是長篇的長詩，然後刪減到規定行數。譬如首獎作品：〈寫生簿〉寫了一百首、〈舊石器時代〉寫了一百多頁（目前還沒寫完），都是這樣而來的。[17]

　　再來看表4-1中，在2005年至2013年，行數與字數個別的統計，聯合報新詩獎一徑皆以「40行、600字」作為限制。雖在2007年，得獎詩作的字數與行數都降低了不少。但在2010年時，林達陽的得獎詩作〈穿過霧一樣的黃昏〉大幅拉高獲獎詩作平均的行數與字數。隨著時間推近，得獎詩作有漸趨簡潔、明朗的特色；聯合報新詩獎在2005年到2013年，平均行數至少35行，平均字數至少404字。

　　時報新詩獎則是因為屢次主辦單位修訂它的徵文內容上限，讓這個數據有較大的轉變。在2005-2008年時，都還是沿襲先前的「30行，無字數上限」規定；但到了2009年，修正到「20行上限」，為了在有限的篇幅中表現出自己的創作技巧，為了將更飽滿的意象塞入詩中，獲獎詩作中皆是進

---

17 楊書軒，由作者訪談。參見附錄六。

逼 20 行的上限，但也引起評審反應質量不若以往的聲音，在隔年隨即又回復到「30 行」的上限。值得注意的是，時報新詩獎在 2013 年提高行數的規定，徵詩的內容規定變為「50 到 70 行」。雖減低來稿的意願與數量，但得獎作品仍有平均 63 行的規模，每行的平均字數相較近幾年的新詩獎字數也相差不多。

　　林榮三新詩獎則都是 50 行內的規模，在第一屆的林榮三新詩獎，不僅多是頗有獲獎經歷或相當有寫作經驗的詩人獲獎，而且得獎詩作中每行的平均字數，也創下新高。接著，得獎詩作的形式也漸趨簡潔，或許是評審有意識的避免賣弄文字、意象稠密的詩作，但終歸一句，好作品終究不會因此受到太大的限制與影響。

　　值得注意的是，自從 2007 年開始，許多評審似乎是有意識地阻擋那些「字多氣長」的作品，三大報新詩獎不約而同地在那年都有獲獎詩作行數減低的巧合。然而，這是否真為巧合？又或受評審組織而影響？我們在下文會接著來探討這個評審組織影響得獎詩作類型產出的現象。

三、評審組合的影響

　　不同決審委員的組合，象徵不同詩觀的集聚，也往往會得到不同的評審結果。最明顯的例子是 2008 年及 2010 年的「聯合報新詩獎」，2008 年的評審是李敏勇、陳黎、羅智成，在評選林達陽的〈穿過霧一樣的黃昏〉，李敏勇在決審中表示，「作者有時會用很誇張的東西來描述某種經驗片段，當

所有的片段都很誇張時，就像一個人穿著太過累贅的服裝」[18]，或因此當年未能獲獎；但後來他爲內容稍作修葺以後，仍以相同的主題及氛圍再次扣關 2010 年的「聯合報新詩獎」決審，此次便獲得白靈、向陽、席慕蓉三位決審委員的一致推崇，並同時讚揚他在詩作中鋪陳的文字，具有「綿密音樂性」，造成「氣氛迷離」[19]，獲得三人的滿分，高票獲選爲當年「聯合報新詩獎」大獎作品。

除了每年不同的決審委員所呈現出的不同詩觀與品味之外，也可直接看到決審委員和當年初、複審委員彼此之間詩觀的差異。例如在 2008 年「時報新詩獎」決審會議中，吳晟指出，「文學獎多屆下來，選出的作品越來越難懂，造成後起的創作者，有樣學樣，難懂的詩風越來越烈，這是惡性循環。」[20]不僅直接在決審會議中挑名目前新詩獎所被眾人詬病的問題，甚至質疑當年是否在初選、複審的把關上出了問題，把較明朗易懂、意象簡潔的作品篩選掉了，以致 2008 年「時報新詩獎」，最終取消掉首獎，而以多頒一個評審獎取代之。

---

18 在第一次投票中獲得兩票入圍進入第二輪票選，在第二輪投票時，陳黎給了 2 分、羅智成給 1 分，與僅獲羅智成給 3 分的〈那些細節都走了〉總分同分，需重新表決，兩首詩作經再次表決後，〈穿〉被淘汰。侯延卿記錄，〈2008 第 30 屆聯合報文學獎新詩獎決審會議紀要〉，瀏覽網址：http://mag.udn. com/mag/reading/storypage.jsp?f_ART_ID=160996，瀏覽日期：2013 年 12 月 25 日。

19 王立記錄，〈第 32 屆聯合報文學獎新詩決審記要：有詩的此時〉，閱覽網址：http://mag.udn.com/mag/reading/storypage.jsp?f_ART_ID=271672，瀏覽日期：2013 年 12 月 25 日。

20 引用 2008 年時報新詩獎決審會議中評審的意見。參 Baboo 記錄，〈先行者的焦慮〉，《中國時報》，2008 年 11 月 18 日，E4 版。

　　除此之外，在同年不同新詩獎的評審，也可能會有相互對話的狀況出現。例如 2006 年的「聯合報新詩獎」及「時報新詩獎」，兩報不約而同把第一名都頒給書寫與語言相關題材的詩作，然而在當年「聯合報新詩獎」公布得獎作品〈火星文〉以後，「時報新詩獎」後來在公布新詩獎決審記錄的標題即為「幸好沒有火星文」，彷彿暗指當年兩報新詩獎參賽作品彼此都有此一相似的主題，但雙方評審結果卻不相同，頗有評審評詩品味暗中相互較勁的意味。

　　決審委員經常扮演扭轉乾坤的角色，可能讓那些原本複審委員不看好的作品最後脫穎而出，讓自己認可的作品獲獎。以 2006 年「聯合報新詩獎」的〈火星文〉為例，它在複審會議時並未獲得高票，甚至瀕臨淘汰邊緣；在決審會議裡，第一輪也只得到一票，但這樣的網路語言題材，卻讓當時擔任主席的鄭愁予特別感到新鮮。在第二輪投票前，由於鄭愁予的力讚成功吸攏其他評審的目光，結果最後意外成為奪冠的黑馬，這也就正好解釋了評審的「權力政治」。同一個獎項，倘若換一批評審委員，也可能導致截然不同的徵獎結果。在決審會議裡，評審可以堅持己見，或是左右搖擺，也可以拉攏其他人，以擠掉自己不喜歡的作品。

　　到這裡可以發現的是，參與文學獎的作品不一定要有作者親臨現場的體悟，有時評審的好惡會直接決定這篇作品的成敗。詩人楊書軒以自己的例子來分享：

　　　　有一次，沒得獎的紀錄更讓我印象深刻，進入聯合報
　　　　決選後，結果被剔除，隔了一個星期後，我才意外看

> 到這篇評審會議，當下我笑了出來，並不覺得他們說
> 的多好，也不覺得自己有受挫的感覺，反而覺得自己
> 可以不在意別人的看法，信心十足。另一次是宜蘭文
> 學獎，新詩三獎，那篇作品，用拍攝紀錄片的手法，
> 諷刺雪隧後的宜蘭亂象，評審（尊敬的長輩），認為
> 這篇作品不是宜蘭人寫的，恰巧我是最在地的宜蘭
> 人，當下有種覺醒，文學獎不免是絕對主觀的，但也
> 尊重評審的意見！[21]

　　然而，在三大報文學獎後頭最重要的平台，當屬報刊的
傳播力及影響力。不僅是它們每年定期舉辦，而且透過具權
威性的評審陣容審查來自四面八方的來稿，因而奠定了三大
報文學獎的文壇地位。

　　我們可以參照「聯合報新詩獎」、「時報新詩獎」、「林
榮三新詩獎」三大報新詩獎從 2005 年至 2013 年的來稿量，
如圖 4-6 的表現裡，有不同的發現：

---

21 楊書軒，與作者訪談。見附錄六。

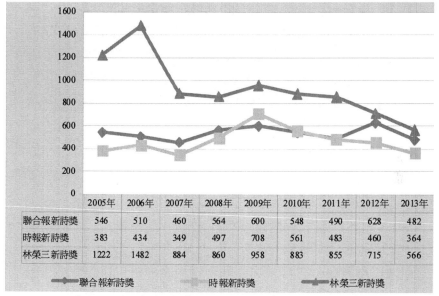

	2005年	2006年	2007年	2008年	2009年	2010年	2011年	2012年	2013年
聯合報新詩獎	546	510	460	564	600	548	490	628	482
時報新詩獎	383	434	349	497	708	561	483	460	364
林榮三新詩獎	1222	1482	884	860	958	883	855	715	566

圖 4-6 三大報新詩獎作品投稿量（2005-2013 年）

　　其一，總體上來看，即為投稿量逐年有普遍下降的趨勢；雖然「聯合報新詩獎」和「時報新詩獎」沒有很明顯。但由於近年來文學獎設置的普及化，地方文學獎逐漸解除要當地居民才能投稿的限制，開放給全國民眾來稿。以 2013 年為例，除了各級政府所舉辦的新詩獎，統一企業集團為旗下飲料「飲冰室茶集」徵求情詩的比賽；台北市溫州街的「魚木人文咖啡廚房」所主辦的「魚木詩獎」；又或像是由海洋大學所舉辦的「大專院校海洋文學獎」，擴及到跨校的全國學生……這些琳琅滿目、遍地開花的文學獎，吸引到品質量且件數眾多的來稿，間或影響到三大報得獎近年的投稿量。

　　其二，「林榮三新詩獎」收件居於三報新詩獎之冠，其

原因可先從截稿日期與獎項設立的數量來看；關於前者，「林榮三新詩獎」的截稿日期爲三者之末，不僅可以讓創作者有多加創作的時間，且其截稿時間亦爲「聯合報新詩獎」公布評審結果以後，可讓已投稿出去的作品等待評審的結果之後再參賽一次；關於後者，則是「林榮三新詩獎」不論在獎金、獎項上都是多於其他二報新詩獎，這可能有更具吸引參賽的魅力。另外，針對規章上沒有寫到的評審口味也可能是原因，後文也會爲此加以探析。

其三，三大報新詩獎在行數限制的調整，也影響到投稿量。以 2009 年的「時報新詩獎」爲例，向來追求三十行以內的上限，在當年改爲「二十行以內」，投稿量從前一年的 497 件增至 708 件；且在三大報新詩獎並列期間，首次超前「聯合報新詩獎」。隔年回到「30 行」的限制，來稿量下降爲 564 件。雖以當時的時空環境，可能也有其他的變因，但直接就行數限制來看，可以看到有趣的是，這些都是「限制不得超出」，並沒有「最少行數」的規定，部分參賽者可能因爲想盡量達到規定的上標，因而受到影響。至於這些限制，是否也會影響到質量，會在後續探討得獎作品的形式時再多加剖析。比較例外的情況是，2013 年的「時報新詩獎」，限定「五十行以上、七十行以下」的中型詩作，也使海內外的投稿量下探至三報之末的 364 篇。

其四，報紙副刊平面傳播的影響力不若以往明顯。在解嚴以降，我們看到副刊所扮演角色的改變，就政經而言，似有削減意識型態國家機器透由平面媒體扮演的角色，而且也須兼顧讀者的閱讀率和接受意識型態的新挑戰。到了今天的

副刊，一方面現代社會步調加快，讀者閱讀副刊的時間驟減，一方面隨科技進步，平面媒體的影響大不如前，不少媒體紛紛開始推廣跨媒體、網路化，使平面副刊的影響力逐步消退，網路及電視的閱聽功能與即時性取代了過往從前報紙的角色[22]。這造成 1990 年代以後，促使文學與文化工業的蕭條，相形之下，三大報文學獎式微，副刊的純文學性亦隨著減弱，使得它在今天的地位也已不可同日而語。

---

22 林燿德，《重組的星空》（臺北：業強，1991），頁 145。

第五章 結 論

在臺灣可見的發表園地，大致由網路、文學獎、副刊、詩刊所構結而成。尤其在台灣，因此本文以新詩文學獎中影響力最大的「三大報新詩獎」作為研究對象。研究範圍從「林榮三新詩獎」開辦的 2005 年作為開端，時至末屆「聯合報新詩獎」的 2013 年，恰好這九年作為「三獎鼎立」的世代，讓許多創作者為求一頂新詩獎的桂冠，百家爭鳴，期盼自己的文學作品能夠出線。

「聯合報新詩獎」、「時報新詩獎」的舉辦行之有年，擁有豐厚的文化傳統與象徵地位。「聯合報『文學獎』」設立較早，但「聯合報文學獎」乃從 1991 年才增設新詩文類；《中國時報》雖然晚《聯合報》一年設立文學獎，「時報文學獎」在 1983 年就已經開始徵求「敘事詩」獎。兩大報的文學獎彼此激盪，共同跨越了台灣政經結構的轉變，互爭百萬大報的黃金時期，盼以報社舉辦的「文學獎」，發揮自己的影響力，吸引更多讀者與作家的目光。它們共同歷經政治解嚴、政黨輪替、社會形態的改變，還有面臨許多對手的競爭，往日的風光景象今非昔比。

但文學獎之於報業，可以說是相輔相成的，始終具有舉重要的地位。一來，報社能夠透過徵稿發揮自己的影響力；

二來，建立某種文學的典範，提昇自己的知名度與信譽。如前文所述，自 1976 年《聯合報》開辦「聯合報小說獎」至今，已有 35 屆的歷史，上承 1950 年代林海音不斷的拉拔新作家的「文學副刊時期」、1970 年代媒體強人高信疆的「文化副刊時期」，到 1980 年代報禁解除，重視讀者反應的「大眾副刊時期」；在這樣的歷史過程裡，我們看到兩大報的平面報業所面臨時代轉變的挑戰：

> 因為網路的崛起，透過新聞台、部落格、臉書，每個人都可以是編輯或記者；以及第四台與眾多新聞台的加入，即時性與速度讓平面報業倍感壓力。然而，當面對勁爭與經濟不景氣時，報業營運困難，報社首先選擇緊縮的版面，便是副刊[1]。

　　每個時代都有其不同的文化生態，報業面臨新興媒體平台瓜分閱讀市場，以及網路與第四台的普及，導致影響到報業的收入，在營運困難之際，被迫得緊縮版面，像是 2009 年停刊的「讀書人園地」即為一例。相對的，再回來看到文學獎的傳播力，「聯合報文學獎」、「時報文學獎」、「林榮三文學獎」皆與副刊息息相關，副刊的影響力不若過往，或許也多少影響到文學獎的傳播力。即便如此，「文學獎」還是有它的特殊意義，每當徵稿季節來到，還是會有大批的來稿參與，以及許多的愛好者去關注得獎的詩作與結果。

---

1 楊錦郁，由作者訪談，當面訪談，台北，2012 年 12 月 30 日。參見附錄四。

文學獎之於許多作者而言，是文學獎提攜了他們，是文學獎挖掘了他們，這是文學獎存在的核心價值之一。三大報文學獎，除了連帶豐厚的獎金以外，對於想要在文壇中獲得立足之地的寫作者而言，由於得獎作品是在大量的投稿作品中脫穎而出，更不啻是一種終南捷徑。三大報文學獎不僅是固定的文學獎機制，相較於海外許多的文學獎而言，三大報文學獎更是透明而公正的。從定期辦理與公開徵選開始，以單篇作品爲限，再經過二至三次的評審以後，得獎作品終告出爐。

本文的研究發現與成果大致可從幾個方面來檢視：

1. 在三大報新詩獎的生產機制，「設獎的理念與規章」影響來稿稿件的數量，帶動創作者的投稿潮。

例如三大報新詩獎對於來稿者不同的身分限制：聯合報新詩獎主要徵求用「中文」寫作的詩作即可，時報新詩獎則是「海內、外華人」皆可，因此前兩者也不時會看到許多來自中國大陸的詩人、或是馬來西亞國籍的詩人得獎；林榮三新詩獎則是投稿者身分限制爲「中華民國國籍者」，基本上保障了台灣本地創作者的徵獎資格。另外，在徵稿時間的規定上，三大報新詩獎看似巧合地將徵稿時間放在一起，或許爲了避免投稿者「一稿數投」（在投稿詩作未獲獎後，隨即又轉投到下一個獎項），也讓地方文學獎、由報社協辦的文學獎，有另外的時間徵求更多的稿件。

2. 在「徵獎的過程及組織」部分，評審組合固然是隨機排列，但我們能隱隱看出評審次數的重複與疊合。

評審組合往往引發後續許多關注者討論，他們所象徵的

大多爲詩壇中極負盛名的詩人或理論家。其中，決審委員固然掌握著決定性因素，而在初、複審的評審委員部分，則是掌握著「篩選」的權力，將好的作品選出到下一輪再進行進一步的評選。換言之，決審雖是掌握「定奪名次」的決定性，初、複審則是重要把關者，要進到決審關卡的作品，必須先通過將數百篇的詩作篩選出十多篇的初、複審。值得一提的是，初、複審委員的名單，隨副刊編輯的人選有了調整，也因爲納入了其副刊的編輯，能夠看到名單裡有部分的重複性，而這也形成另一種「班底」。

　　3.在「三大報新詩獎作品分析」部分，回顧這些單篇
　　　得獎詩作，從得獎作品的內容、主題與形式來分析。
　　過去運用「致敬」，配合外國作家的作品、國際新聞事件、古文內容來引題的手法屢見不鮮，在近九年的新詩獎作品裡，以「生命與存在」作爲主題的得獎詩作約佔三大報新詩獎全部主題的34%，「情愛的企盼與感嘆」居次，由此可知，從內在情感出發的作品，也最能打動詩人評審們的心。從得獎者與得獎作品的關係中來看，「26-30 歲」是得獎最爲密集的年齡區段，而得獎者的性別男女比，以將近「7：3」（73：27）的數量比，反映得獎者有年輕化的趨勢，而女性詩人創作者也頻頻出現在得獎名單裡。

　　照理來說，新詩獎對於詩創作的多樣性，應是兼容並蓄，取納「博」的詩作風格；但在三大報新詩獎得獎作品的文體裡，我們幾乎鮮少看到組詩、散文詩的形式出現，最常看到的是「五段」或「一段」的分行詩。

　　或許，如前文所述，某些主題或形式的作品似乎較易通

過初審、複審，以致到決審場合中一決雌雄。不論如何，能夠獲得新詩獎的作品，需具有一定的質地。然而，由於網路媒體的普及與資訊傳遞的快速，對於新詩獎的回饋更是顯而易見。在決選結果出爐以後，幾家歡樂幾家愁，也會產生不同的看法。甚至，有些網友會在該報文學獎所公布作品的網頁之下，第一時間就在「回應欄」留下批評的意見；而若是有「一稿兩投」狀況，也逃不過網友們的法眼。隨著「臉書」（Facebook）的普及，網友們也能夠直接在負責文學獎的副刊主編臉書上面留言，即時討論關於文學獎的審查議題。因此，透過這樣快速而公開的回應與批評，或許我們也能藉此重新省思「文學獎」的形構問題。

最早，「副刊」的文化意義，是提供外來文本的「公共文學論壇」。報紙文學獎的開辦，借重媒體匯流的影響力與財力，為它們在文學的權威上建立典範；而新詩獎是三種文類裡頭，字數限制最少，獎金較低，但投稿量是最高的。在最近幾年，三大報新詩獎投稿量逐年下降，量的下降不一定等同於質的下降，但或許也由於是受到地方文學獎如雨後春筍開辦的影響，瓜分了過去的投稿量。

新詩獎，就是為了徵求好的詩作，它的意義不能遭受任何的消解，即便面對文化和商業的拉扯，每年舉辦這樣的獎項，不論是一種對於文學的「支持」，還是為了讓它繼續存在的「堅持」，它絕非只是單純的徵獎與獲獎的行為。

時至 2014 年，「聯合報文學獎」擺脫過去徵求「單篇作品」，轉型成為徵獎「單本」作品的獎項。「三大報新詩獎」並列舉辦的情況也暫時告一段落：

> 2014 年起，聯合報文學獎將轉型為「聯合報文學大獎」，每年評選出一位攀登高峰的作家，致贈獎金 101 萬元。公布入圍名單至揭曉期間將舉辦相關活動，贈獎典禮後並舉辦評審與得獎人文學高峰對談。敬請所有文學愛好者關注、期待和參與。[2]

　　從 2014 年聯合報文學獎的轉型，三大報新詩獎時至去年終告一段落。

　　文學獎的存在，本來就不光只是活動的舉辦；但知易行難，就台灣眾多新詩獎設立的現象來看，文學本就不該只是孤芳自賞，只是「文學獎」確實將這些目光集聚在這個場域。不可否認的，得獎確實能增加詩人自己的文化資本與收入。「詩是目的，而非手段」，要回歸到對於個人文學的喜好才是正軌。

2　〈聯合報文學獎 文學夢田永不休耕〉（2014 年 1 月 5 日公布），參見《聯合報》網站，網址 http://mag.udn.com/mag/reading/storypage.jsp?f_ART_ID=493125，瀏覽日期：2014 年 1 月 7 日。

參考文獻

（一）專　書

丁威仁《戰後臺灣現代詩的演變與特質（1949-2010）》。臺北：新銳文創，2012。

向明《新詩五十問》。臺北：爾雅，1997。

── 《新詩後五十問》。臺北：爾雅，1998。

向陽《浮世星空新故鄉 ── 臺灣文學傳播議題析論》。臺北：三民，2004。

克羅齊（Benedetto Croce）著。朱光潛譯。《美學原理》。臺北：正中，1979。

布爾迪厄（Pieere Bourdieu）著。包亞明譯。《文化資本與社會煉金術 ── 布爾迪厄訪談錄》。上海：人民出版社，1997。

── 。劉暉譯。《藝術的法則 ── 文學場的生成和結構》。北京：中央編譯出版社，2001。

李元貞《女性詩學 ── 臺灣現代女詩人集體研究》。臺北：女書，2000。

李癸雲《朦朧、清明與流動：論臺灣現代女性詩作中的女性主體》。臺北：萬卷樓，2002。

──《結構與符號之間：臺灣現代女性詩作之意象研究》。
　　臺北市：里仁，2008。

李崇建〈文學獎有必要這麼多嗎？〉，收錄於 8P 合著，《百
　　日不斷電 ── 別為文學抓狂》。臺北：聯合文學，2005。

林于弘《臺灣新詩分類學》。臺北：鷹漢，2004。

──《群星熠熠：臺灣當代詩人析論》。臺北：秀威，2012。

林淇瀁《書寫與拼圖：臺灣文學傳播現象研究》。臺北：麥
　　田，2001。

林燿德《一九四九以後》。臺北：爾雅，1986。

──《不安海域》。臺北：師大書苑，1988。

──《都市終端機》。台北：書林，1988。

──《重組的星空》。臺北：業強，1991。

── 孟樊編《世紀末偏航》。臺北：時報文化，1990。

林達陽《誤點的紙飛機》。桃園：逗點文創，2008。

阿圖色（Louis Althusser）。陳越編譯。《哲學與政治：阿爾
　　圖塞讀本》。吉林：吉林人民出版社，2003。

洪淑苓《現代詩新版圖》。臺北：秀威，2004。

孟樊《當代臺灣新詩理論》。臺北：揚智，1995。

──《臺灣後現代詩的理論與實際》。臺北：揚智，2003。

埃斯卡皮（Robert Escarpit）著。葉淑燕譯。《文學社會學》。
　　臺北：遠流，1990。

陳芳明《臺灣新文學史》。臺北：聯經，2011。

陳義芝《聲納：臺灣現代主義詩學流變》。臺北：九歌，2006。

須文蔚《臺灣文學傳播論》。臺北：二魚，2009。

焦桐《臺灣文學的街頭運動（一九七七～世紀末）》。臺北：

時報，1998。

張錯《西洋文學術語手冊 —— 文學詮釋舉隅》。第 2 版。臺北：書林，2011。

彭瑞金編《2002 年臺灣文學年鑑》。臺北：文建會，2003。

楊宗翰《臺灣新詩評論：歷史與轉型》。臺北：新銳文創，2012。

蘇珊‧朗格（Susanne K. Langer）著，滕守堯、朱疆源譯。《藝術問題》。北京：中國社會科學，1983。

——，劉大基、傅志強、周發祥譯。《情感與形式》。北京：中國社會科學，1986。

蘇紹連。《散文詩自白書》。台北：台灣詩學季刊社，2007。

蕭蕭。《臺灣新詩美學》。臺北：爾雅，2004。

Langer, Susanne K.. *"Philosophy in a New Way: A Study in the Symbolism of Reason."* Cambridge: Harvard University Press, 1957.

（二）學位論文

江詩菁《宰制與反抗：兩大報系與黨外雜誌之文化爭奪（1975~1989）》。臺南師範學院臺灣文化研究所碩士論文，2004 年 6 月。

林淇瀁《文學傳播與社會變遷之關聯性研究：以七〇年代臺灣報紙副刊的媒介運作為例》。中國文化大學新聞研究所碩士論文，1993 年 6 月。

林佳蓉《報業能否基業長青？報禁開放十年，看中時與聯合報系的變與不變》。國立臺灣大學新聞研究所碩士論文，

1998年6月。

張明珠《《中國時報》與《聯合報》報導文學獎得獎作品研究（1978～2000）》。臺北市立師範學院應用語言文學研究所碩士論文，2004年6月。

張俐璇《兩大報文學獎與臺灣文壇生態之形構》。國立成功大學臺灣文學研究所碩士論文，2007年7月。

莊宜文《《中國時報》與《聯合報》小說獎研究》。國立中央大學中國文學所碩士論文，1998年6月。

（三）期刊文章

大荒〈獎爲何設？〉。《臺灣詩學》，第13期（1995年12月），頁18-20。

王鎮庚〈「時報新詩獎」走的是一條詩創作的窄路〉。《臺灣詩學》，第13期（1995年12月），頁21-24。

向明〈詩獎衍生出的問題〉。《臺灣詩學》，第12期（1995年9月），頁8-9。

向陽〈海上的波浪 ── 小論文學獎與文學發展的關聯〉。《文訊》，第218期（2003年12月），頁37-40。

白靈〈詩獎與詩的長度〉。《臺灣詩學》，第12期（1995年9月），頁12-13。

林永福〈文學獎的性質與功能〉。《文訊》，第136期（1997年2月），頁20-21。

林民〈文學傳播的更年期，讓權力遊戲頻冒汗 ── 回應五八一期「百萬文學獎背後的權力遊戲」〉。《新新聞》，583期（1998年5月10日），頁88-89。

侯吉諒〈誰有資格得獎？ —— 國內文學獎的評審與得獎問題〉。《臺灣詩學》，第 16 期（1996 年 9 月），頁 79-81。

張錯〈文學獎的爭議性〉。《文訊》，第 136 期（1997 年 2 月），頁 22-23。

張默〈誦明月之詩，歌窈窕之章 —— 從「兩大報新詩獎」談起〉。《臺灣詩學》，第 13 期（1995 年 12 月），頁 28。

莊宜文〈歌頌・在文曲星內閃爍的夜空〉，《文訊》，第 136 期（1997 年 2 月），頁 24-25。

——〈文學競技或人性試煉？ —— 談文學獎的光明與幽暗〉。《文訊》，第 218 期（2003 年 12 月），頁 41-44。

陳信元〈大陸主要文學獎介紹〉。《文訊》，第 136 期（1997 年 2 月），頁 26-29。

黃冠翔〈與權力／利交纏 —— 從文學獎的「屬性定位」及「得獎行為」談起〉。《國立臺北教育大學語文集刊》，第 19 期（2011 年 1 月），頁 29-53。

黃維樑〈默默傳遞著文學薪火〉。《文訊》，第 136 期（1997 年 2 月），頁 29-31。

附錄一：聯合報文學獎新詩獎得獎資訊（2005-2013 年）

年份	名次	作者	題目	得獎年齡	決審委員	投稿數量
2005 第 27 屆	大　獎	攸　步	冬之舞	35	張錯、席慕蓉、陳黎	546
	評審獎	丁威仁	德步西變奏 ── 致安地斯區難民	31		
	評審獎	李長青	歡迎來到我們的山眉 ── 兼記南非小說家姆佩	30		
2006 第 28 屆	大　獎	陳羿潨	火星文	21	路寒袖、鄭炯明、鄭愁予	510
	評審獎	王怡仁	不能涉足的遠方 ── 雨傘節的自白書	37		
	評審獎	李長青	六十七號的孩子們 ── 紀念 Lisa Tetzner（1894-1963）	31		
2007 第 29 屆	大　獎	波戈拉	我是一只耳朵或更多	22	向陽、南方朔、陳育虹	460
	評審獎	曹　尼	同名殊途 ── 載蔣渭水返鄉	28		
	評審獎	丁威仁	罌粟的真理 ── 致柬埔寨畫家凡納特	33		
2008 第 30 屆	大　獎	蕭吟薇	出遊 ── 悼 P	27	李敏勇、陳黎、羅智成	564
	評審獎	雷子瑛	SW11542	30		
	評審獎	廖宏霖	那些細節都走了	26		
2009 第 31 屆	大　獎	達　瑞	石榴	30	南方朔、陳育虹、路寒袖	近600
	評審獎	游書珣	餐桌上的陌生人	27		
	評審獎	原筱菲	組詩：四方盒子	16		

年份	名次	作者	題目	得獎年齡	決審委員	投稿數量
2010 第 32 屆	大　獎	林達陽	穿過霧一樣的黃昏	28	白靈、 向陽、 席慕蓉	548
	評審獎	徐　紅	彼時	45		
	佳　作	張繼琳	今夏接近赤道	43		
	佳　作	丁威仁	字音的流沙 ── 致母親	36		
2011 第 33 屆	評審獎	吳文超	受詞	38	洪淑苓、陳義芝、羅智成	490
	評審獎	張耀仁	在戀人的房間裡	24		
	評審獎	黃胤誠	指認	26		
2012 第 34 屆	大　獎	高亮亮	瓶裝人生	29	陳芳明、陳育虹、羅智成	628
	評審獎	吳鑒益	寂寞喬治	46		
	評審獎	王　雄	識字歌	27		
2013 第 35 屆	大　獎	游書珣	穿過葉尖的名字	31	白靈、席慕蓉、蕭蕭	482
	評審獎	李振豪	動物園沒有	32		
	評審獎	趙韡文	證明	21		

附錄二：時報文學獎新詩獎得獎資訊

（2005-2013 年）

年份	名次	作者	題目	得獎年齡	決審委員	投稿數量
2005 第 28 屆	首　獎	甘子建	島	26	楊牧、 陳芳明、 陳家帶、 席慕蓉、 向陽	383
	評審獎	馮　傑	牆裡的聲音	41		
	評審獎	周若濤	在噩運隨行的國度	28		
2006 第 29 屆	首　獎	辛金順	注音	43	吳晟、 張香華、 翁文嫻、 陳黎	434
	評審獎	曾琮琇	現代	25		
	評審獎	木　葉	春風斬	32		
2007 第 30 屆	首　獎	磊　兒	我喜歡坐在你的位置看海的樣子	—1	余光中、 初安民、 陳育虹、 蔡淑玲	349
	評審獎	林達陽	赴宴	25		
	評審獎	嚴忠政	海外的一堂中文課	41		
2008 第 31 屆	評審獎	許嘉瑋	我與我所知的微型飢餓史	28	吳晟、 張香華、 陳芳明、 王浩威	497
	評審獎	吳佳蕙	時光	22		
	評審獎	達　瑞	樂園	29		
2009 第 32 屆	首　獎	沈政男	演化	41	向陽、 席慕蓉、 陳育虹、 楊照	708 （今年徵求20 行以下規格）
	評審獎	王振聲	等到我們的眼睛長出了眼			
	評審獎	吳文超	跟你一起去旅行	36		

---

1 因有抄襲之嫌取消資格，故未列入量化統計之列。

年份	名次	作者	題目	得獎年齡	決審委員	投稿數量
2010 第 33 屆	首　獎	楊書軒	桃花源・2010	25	南方朔、 席慕蓉、 陳義芝、 蔡淑玲	561 （今年回到 30 行）
	首　獎	許裕全	Fistula	38		
	評　審	方　路	父親的晚年像一尾遠方蛇	46		
2011 第 34 屆	首　獎	陳宗暉	地圖作業	28	翁文嫻、 焦桐、 陳育虹、 羅智成	483
	評審獎	林禹瑄	對坐	22		
	評審獎	陳昌遠	試著變得矯情	28		
2012 第 35 屆	首　獎	波戈拉	造字的人 ——「文明，始於兩人之間的細節」	27	吳晟、 初安民、 陳育虹	460
	評審獎	阿　布	致死者	26		
	評審獎	陳　胤	我的詩跟著賴和的前進前進	48		
	評審獎	張英珉	與達爾文對談	32		
2013 第 36 屆	首　獎	張繼琳	舊石器時代	46	初安民、 陳育虹、 羅智成	364
	評審獎	涂宇安	機心宇宙	26		
	評審獎	蕭皓瑋	青春自述	19		

附錄三：林榮三文學獎新詩獎得獎資訊（2005-2013 年）

年份	名次	作者	題目	得獎年齡	決審委員	投稿數量
2005 第 1 屆	首　獎	李進文	潛入獄中記	40	余光中、鄭愁予、李魁賢、楊牧、向陽	1222
	二　獎	凌性傑	La dolce vita	31		
	三　獎	林婉瑜	尋找未完成的詩	28		
2006 第 2 屆	首　獎	陳思嫻	卓瑪嘉因	29	商禽、鄭愁予、尹玲、焦桐、李敏勇	1482
	二　獎	甘子建	玫瑰的名字	27		
	三　獎	張英珉	阿巴斯還沒醒來	26		
	佳　作	若　驊	可口可樂	29		
	佳　作	林達陽	如果降下大雨	24		
2007 第 3 屆	首　獎	吳國源	我的愛人總是回憶不起來	39	李魁賢、曾珍珍、陳黎、向陽、羅智成	884
	二　獎	何亭慧	不存在的夏天	27		
	三　獎	鴻　鴻	我現在沒有地址了	43		
	佳　作	涂妙沂	她們正在穿越生命的河	46		
	佳　作	許芳綺	過於巨大的名字	21		
2008 第 4 屆	首　獎	吳岱穎	回函：致拉撒若夫人	31	李敏勇、白靈、羅智成、翁文嫻、焦桐	860
	二　獎	河　岸	更衣室裡的大象	38		
	三　獎	林德俊	翻譯一個早晨 ── 給自惠明學校畢業的盲兒 JY	31		
	佳　作	連明偉	遷徙	25		
	佳　作	游書珣	甕裡的母親	26		
	佳　作	吳承澤	科學小飛俠的 3 號珍珍	31		

年份	名次	作者	題目	得獎年齡	決審委員	投稿數量
2009第5屆	首　獎	羅　葉	在國小圖書館	44	尹玲、白靈、向陽、楊牧、鄭愁予	958
	二　獎	林餘佐	我親愛的植物學家	26		
	三　獎	Cry	永夜談	17		
	佳　作	李長青	黑暗之心	34		
	佳　作	葉衽榤	三月的翻譯	25		
2010第6屆	首　獎	張繼琳	寫生簿	43	尹玲、李瑞騰、陳義芝、陳黎、楊牧	883
	二　獎	楊瀅靜	雙面維諾妮卡	32		
	三　獎	吳文超	會議	37		
	佳　作	湖南蟲	我的名字就是我的詩	29		
	佳　作	廖　人	琥珀女孩 ── 致一個末期病童	28		
2011第7屆	首　獎	游書珣	公路之舞 ── 寫給段氏日玲與蘇珊娜	29	尹玲、李魁賢、陳育虹、陳黎、焦桐	855
	二　獎	蘇文進	滑鼠賦	46		
	三　獎	李長青	姓名學	36		
	佳　作	徐佩芬	達蘭薩拉男孩 ── 致意一位只能懷念的朋友札西・東知先生	25		
	佳　作	王志元	靶心	27		
	佳　作	若　騮	植有木瓜樹的小鎮	34		
2012第8屆	首　獎	黃　岡	是誰把部落切成兩半？	26	吳晟、李進文、陳黎、陳義芝、曾珍珍	715
	二　獎	鍾明燕	重金屬	39		
	三　獎	林餘佐	薄霧：靜物被神描繪	29		
	佳　作	陳祐禎	婆羅門女在閻浮提海濱尋母	46		
	佳　作	楊智傑	1996	27		
2013第9屆	首　獎	王姿雯	情事	33	陳育虹、焦桐、曾珍珍、路寒袖、楊牧	566
	二　獎	田煥均	建築學概論	33		
	三　獎	陳　少	百生	27		
	佳　作	王天寬	保佑所有已經蓋了的房子和慈悲的空地	29		
	佳　作	蕭詒徽	甜蜜的家庭	23		

附錄四：楊錦郁編輯訪談稿

訪問對象簡介：

台灣彰化人，文化大學中文系、銘傳大學應中所畢業，淡江大學中文系博士。曾擔任《聯合報》副刊組召集人、《人間福報》藝文組主任，現主編《聯合報》家庭與婦女版。創作以報導文學及散文為主，著有《中國新女界雜誌研究》、《呂碧城文學與思想研究》論文；報導文學《嚴肅的遊戲》、《用心演出人生》、《溫馨家庭快樂多》等書；散文、《記憶雪花》、《遠方有光》、《穿過一樹的夜光》、《向太陽說謝謝》等書，曾獲中興文藝獎、中山文藝獎，作品多次入選各種重要文學選集。

訪問對象：**楊錦郁**
地點：台北市忠孝東路一段怡客咖啡
時間：2012. 12. 30

問題一：

副刊在文學推動上一直扮演著重要的角色，而老師 1995 年起任職於聯合報副刊，一路從《聯合報》副刊編輯、召集人、兼任《人間福報》藝文組主任，到現任《聯合報》家庭婦女版主編，將近 17 年，想詢問老師是什麼契機，讓您進入編輯的工作？

楊錦郁：

我從讀大學中文系就對「寫作」很有興趣，後來進入了出版社工作，從事編輯和翻譯工作。其後因為結婚、生育，專職帶小孩十年，期間不斷從事文字書寫的工作，例如在《文訊》寫文宿採訪、《幼獅文藝》訪作家談寫作、《中國時報》家庭版的「名人窩裏訪」專欄做系列採訪，當時《聯合報・副刊》經常舉辦文學活動或座談會，需要記錄以及採訪者，我常有機會受邀約做這些工作。「記錄」，看起來是好像很簡單的工作，但寫好和準確性不太容易，因為許多受訪者都是學識相當淵博的人，除了在文字的流暢度需要注意，也要慎訪「同音異字」的錯誤。就在這樣的過程中，和聯副結緣。

問題二：

請問老師關於「副刊召集人」與「主編」的差別？

楊錦郁：

通常「召集人」是新聞組結構上的編制，在「副刊」比較沒有實質的「召集」職責。

問題三：

之前曾經拜讀老師的《遠方有光》，在此書中老師提及大學畢業後去了一家出版社工作的經驗。

楊錦郁：

那是「名人出版社」，現在「講義雜誌社」前身，是我大學畢業以後的第一份工作。考進去時，公司剛好在做一系列「名人偉人傳記」，雖然大學念的是中文系，但應徵時筆試是考英文，所以我常會跟學弟妹強調在職場上英文的重要性。

在大學中文系讀書，學的是比較古典的東西，也並未受到太多寫作的訓練，所以進入出版社的這個工作，是一個訓練自己寫作能力的很好機會。我覺得不管在出版社的當編輯、翻譯，乃至之後的作記錄，都讓寫作得到很好的練習機會。

問題四：

翻閱過去副刊，發現當時主編為男性居多，老師對於這樣的現象有什麼看法？

楊錦郁：

其實現在在報社，放眼望去都是女性員工居多，屬於這類人文的部份，女性一直是數量很多並且滿優秀的。而在當時，其實像林海音等前輩也很出色。

問題五：

在到老師編輯工作的部份，想請教您在同時擔任「編輯」以及「作家」，兩者會不會有一些相互的拉鋸，或相輔相成？

楊錦郁：

當「編輯」對於「寫作」是有相當提升的，因為副刊登的都是名家，經常可以接觸到好文章。也因為每天工作可以閱讀到許多好的文章，常覺得感動。副刊的編輯工作不只是審稿，還有其他相關的工作，對於寫作都是具有鼓勵和提升的效用。

基本上要進到副刊，一定要有相當的寫作成績。副刊的同事大都是作家，都有寫作的能力。我後來重回學校讀書，即是希望藉由學識的累積，以提升寫作的能力。

問題六：

提到副刊編輯群的組成，就老師曾經擔任副刊召集人的經驗，是否可以談談編輯的理念可能可以影響一個時代？

楊錦郁：

編輯的業務也包括策畫一些專題；舉例來說，從齊邦媛老師、龍應台到白先勇的書，從《巨流河》到《父親與民國》一系列作品，一個編輯可能帶動一個議題，是大結構、大歷史的東西，而某些議題在過去是受到限制的，包括政治、社會人文、甚至是鄉土。「編輯」在則是可以帶動一個風潮，至於要怎樣推動風潮，必須經由策畫。

　　我們看看高信疆先生他們當時在推動「報導文學」，即是基於促進一個社會的改革的理念，所謂改革，譬如環境保護，它帶動的影想非常大，這也就是爲什麼到現在會有許多人推崇高信疆。像最近到台灣的「穿山甲人」張四妹，就是因爲柏楊先生寫的一篇報導，而改變她的命運。今年張四妹又回來台灣，也讓大家注意到這個議題，知道她的「魚鱗性皮膚」是怎麼回事，甚至是在路上看到一些人，也明白是類似的疾病等。

　　有些議題是可以去預見，但也未必會如願發生影響的。編輯是可以發揮個人的理想，但推動這一系列的東西並不容易，就像是今年全球華文星雲獎頒發給瘂弦先生，即肯定他在主掌「聯副」時，所代表了一個時代的意義。

　　問題七：

　　像是在現代的報紙副刊，多少需要考慮市場價值或大眾化。而過去也聽說過，曾有連載小說如果副刊沒有刊載，讀者甚至會打電話反應，那麼老師您們是怎麼去判斷讀者的喜好？

　　楊錦郁：

　　副刊有主任，主任也就是所謂的「掌舵手」，需去判別編輯走向及讀者口味的，我們當編輯的位置是屬於搖槳的人。像是專題多是由主任在策畫，而我們就是較屬於執行面。譬如當初開放大學設立，聯副就曾策劃一個企畫 —— 拜訪新校園，就是想要捕捉社會的脈動。

問題八：

台灣在 1988 年報社解禁，老師經歷了副刊的黃金匯流，包括過去那龐大的競爭開始。《聯合報》在我國高中時期一直陪著我長大，當時的副刊「讀書人」專欄都是我每次愛不釋手的專欄，但 2009 年專欄停刊，到現在網路的快速流動，不知老師是怎麼看待這一連串時間的效應？

楊錦郁：

從前面講到的報禁開放到後來的時期，報業面臨最大的問題是競爭，以致經營困難，再加上網路興起、經濟不景氣，報社賺錢的機會減少，像是「讀書人」停刊，就是報社的營運考量。

「副刊」在報紙裡是最特別的一組，因為在報社大部份組別都是屬於「新聞系」的範圍，只有「副刊」是文學範圍。副刊組特別，也受禮遇的，可是另一方面「副刊」也是很花錢的。辦新聞就是要有新聞的「理想力」和「傳播力」，辦報人都有「新聞媒體」來做改革與推動的企圖心，但「副刊」在這部份的影響是相對弱勢的，在今天的時代。可能有一條新聞會讓政府頭痛，但比較少因為「副刊」而讓感到政府頭吧。

以《聯合報》來說，所謂副刊包含繽紛版、家庭與婦女版、以及聯副，以前還有讀書人，都是隸屬於副刊組。當經營困難，報社會先選擇緊縮「版面」，大都是軟性的版面，所以我們看見「讀書人」停了，改用周末書房來作彌補；而《中國時報》的「萬象」也不見了，「開卷」也從大張改成

周末小開本。之所以用另外一個形式維持住，還是因為報社或讀者仍是不想失去這一塊文化的園地。

（像是《自由時報》副刊就已經不是每天，而是固定一週幾天才有副刊。）

楊錦郁：

《自由副刊》從周一到四才有，已經好幾年的。現在來看，「副刊」短期內是不會消失，但也不像過去那樣具有影響力。

再來談到網路，因為網路的崛起，透過新聞台、部落格、臉書，每個人都可以是編輯或記者；再來因為 IPhone，透由簡單的工具就可以錄影。現在的記者除了寫「文字稿」，還要交「影像稿」，更要會剪接、配音等影音能力的十八般武藝；此外電視 24 小時報訊息，爆量的資訊，分散獨家的聚焦。

過去高信疆主邊人間副刊的那樣現象，真是因為因緣際會，又像簡媜年輕時的文章，《聯副》會用好幾天來刊登，這是非常容易被看見的。現在訊息太多，連按「讚」都來不及，再加上部落格作家所發表的，讓人讀不勝讀。以前是沒有所謂「部落格作家」，但現在是可以透由網路發表，過去到現在許多發聲的管道以及途徑都已經改變了。

問題九：

所以順帶一提，曾聽別人說過，從前在「副刊」發表一篇文章，在早上拿到報紙以後，每個人都還會特地打去「恭喜！恭喜！」可是現在像是自己的作品好不容易終於上到副刊的版面，卻是要用臉書上分享，也才紛紛來按讚。所以也想詢問說，像我們這一個世代的人，在對於編輯或報業有興趣的，不知道老師願不願意與我們分享一些經驗？

楊錦郁：

「副刊」到現在都還是接受投稿，尤其是畢業季會收到許多人用電子檔所做的相當精美的作品集。但現在如果說沒有編輯的經驗，其實就連到「面談」都很困難的。重要的是，很多事情都需要一個起步。才能有比較好的位置，（公司的）選擇性也比較多，所以許多年輕作者都是從「文學獎」去累積寫作成機。只要有了累積，就比較可能被看見，不然就可能要從「基層」做起，在學生時代就是滿多事情都可以去做做看，雖然辛苦，卻可以踏出那一步。

問題十：

那麼老師一直走在這條路的動力來自哪裡？或是憑藉著什麼堅持到現在？

楊錦郁：

我覺得那是對於文學最純粹的喜好，這股熱情會讓人覺得，可以抽離那些人事、工作環境的紛擾，因為工作本身就是文學，所散發出來的那些能量，是其他東西很難給與的。

問題十一：

我們都知道老師現在從過去擔任副刊到現在的家庭版主編都是相當忙碌與辛苦的，那麼您都是怎麼來安排空檔時間？

楊錦郁：

到現在都還是很少有空閒的時間。我長期以來，每天都固定看五、六份報紙以上，因為我在到《聯合報》工作之前，曾幫馬來西亞的《光華日報》工作，擔任在台灣的特派員，當時沒有網路，遇到選舉等新聞，要寫新聞稿立即傳過去，這個工作也養成我大量閱報的習慣。

長期忙碌的工作加上回流教育，生活步快調速，如果真的有空閒，我一直喜歡看電影，除了電影，最想做的是旅行和閱讀，另外我也滿注重運動的時間。

問題十一：

所以現在副刊大概是幾個人？

楊錦郁：

過去聯副有四個人在編，現在就兩個人（主任、編輯）負責，

問題十二：

近年許多報社多和外界的基金會合作，像是《中國時報》辦簡訊文學，《聯合報》也舉辦台積電文學獎等，不知老師怎麼看待這個現象，會覺得這方面是好的嗎？

楊錦郁：

這樣子沒有不好，因為現在我們所看到的報業都是私人的，私人企業需要營利，想要生存下去就要想方設法去賺錢；像多方開展的一些子公司，或舉辦相關活動。例如這陣子「哆啦A夢特展」便是《聯合報》集團之一的「壹傳媒」主辦，如此也讓報業更多角經營；又如《中國時報》有「中天頻道」，《聯合報》也即將有新聞頻道，也會慢慢推出微電影等。這是一個時代環境使然，讓報紙的風貌更多元。比起如果不改變，可能會被市場淘汰，所以這是一個好的方式。

問題十三：

現在的副刊經常有著如輕鬆的小品的文章，是比較偏向大眾化？

楊錦郁：

這要牽涉到的是閱讀的習慣，所謂「輕、薄、短、小」的時代都已經很多年。記得剛我進去副刊時，我們用的是「手工貼版」，當時每個版可以容12,000字，後來因為字體放大、圖片增多，現在的版只剩6000字，當然讀者的閱讀習慣逐也漸改變了。

問題十四：

在副刊的這段期間，有沒有什麼不得不作、比較痛苦的決定？

楊錦郁：

《聯合報》的老闆是非常尊重編輯的，沒有看過老闆給編輯壓力。

問題十五：

有沒有對於一些專題或時刻，感到印象最深刻或是特別開心的事情？

楊錦郁：

副刊工作是一個「動態」的，並非「靜態」、只是編版面上的文字，例如我們會看到報社辦一些文學活動、座談，是由靜態版面上的文字發展到了動態。回到副刊編輯需要企劃的能力，如果編輯具有人文素養，有相關知識領域，就可以發展出很多活動，也會對文壇有較大的影響力。可是如果就只是把版型編好那也可以。因為在比大報社工作，員工會受到比較多的訓練，每個人也會提一些企畫，讓主任再去集中、判斷。

我印象比較深刻的專題，就是在每年十月第二個禮拜「諾貝爾文學獎」的專題，在過去網路還沒有這麼普及，諾貝爾文學獎的公布時間大約在臺灣晚上七點公布，在那之前就要連絡到許多文壇大家，例如鄭樹森，講評對得獎者的認識與

看法。因為這是全球性的文學議題，得獎者可能是義大利人，或其他個國；這些人力都要事前挨排好，一旦確定得獎名單馬上就要邀稿的了，因為作者可能被其他報搶走。為了要搶這個即刻性，編輯會分工進行，或是去問國內/外對於得獎作家的印象，直接寫成訪問稿，當時降版可以等到十一點。

最記得有一年做完諾貝爾的專題，大約半夜一、兩點，工作完了，去報社後面吃消夜，吃完消夜三、四點多，經過基隆路的報社大樓，看到許多派報的人在樓下準備派報。拿起一份熱騰騰的報紙，看到剛才的企畫這麼快的速度已經完成。這就是報紙最吸引人的「速度」和「傳播性」。

之前也做過雜誌，但沒有報紙這麼快的特性。比較到現在諾貝爾文學獎的專題，現在因為網路發達，這個專輯的價值可能會有影響，過去製作諾貝爾專題跟時間賽跑，然後每個報社都在作；現在很多資訊都可以在網路上取得，也不需要那麼多的人力；再加上過去編輯的角色，會需要知道要寫這些東西，需要的作者在哪裡，這非關年紀，而是一個時代環境使然。但現在很多編輯需要資訊，可以透由網路去查。

另外就是有一次是辦「人間四月天」的演講，《人間四月天》當時也是在台灣相當紅的戲劇。環保專家梁從誡，剛好來臺灣作演講，所以就也順勢邀請來講他的父母林徽音及梁思成。本來借好在北市圖總圖的場地，但前一天說人可能會太多，後來臨時改到在報社大樓裡頭辦，記得那天來了七百多個人，而且都是預約參加的。那次的盛況真的讓自己覺得「副刊」這個工作實在是太棒了！

後來又執行了「台灣新文學發展重大事件」及「台灣文

學經典 30」，當時因為研討會沒有那麼興盛，所以回響很大，還在報上引起論戰，例如張愛玲算不算是台灣的作家等論題，由此可以看到副刊的影響力。。

後來因為大學院校陸續舉辦研討會，副刊也就逐漸停止辦學研討會了。

問題十六：

和過去副刊的年代，好像現代都已經不若以往，不可復返了？

楊錦郁：

每個時代都有每個時代的生態，時代是往前在推展的，但是，文學和文化在每個時代都是被需要的，它在精神上可以讓人可以得到為安慰，至於說要被誰看見或是成為一個暢銷作家，先不應該擺入考慮的範圍。文學路還是老老實實走自己想走的，現在很多人二十幾歲就出書，或是很多作者在得了文學獎以後就慢慢的消失。但如果能寫到七十幾歲，就很對得起自己；既然選擇這條路，就不必想要賺大錢，要知道自己想要的是什麼，因為人的能力是有限的。

附錄五：楊宗翰初審委員訪談稿

訪問對象簡介：

擔任過多次文學獎評審，尤其是多次林榮三的初審評審。臺北人，中國文化大學文藝創作組畢業，靜宜大學中文系碩士，佛光大學文學系博士。現任秀威資訊出版公司副總編輯，東吳大學中文系、臺北教育大學語創系講師。研究主題與專長以現代詩、文學史、臺灣文學與世界華文文學為主，企圖重構臺灣現代詩史，並關注於世華文學的發展與傳播。

訪問對象：**楊宗翰**

地點：國立台北教育大學

時間：2013. 12. 25

問題一：

在參與（「複審」篩選稿件後的）決審時，報方是如何通知您參與評審的？

楊宗翰：

一般主辦單位都是用 e-mail 通知。他們也會考慮到年紀、輩分來邀請評審。

問題二：

首先，想先請教老師。我們有時在記錄上也可以看到初複審的紀錄，但想詢問不知道「初審」跟「複審」的兩次審查，在內容及形式是不是有什麼不同？

楊宗翰：

我參加三大報的評審，大多是以三大報的初審爲主，較多的是自由時報，其他地方（文學獎的）的就可能比較有擔任複審的經驗。第一屆林榮三新詩獎就收到了一千多篇作品，因此我們分成三組，每組有兩個評審，總共六個評審。而一位評審老師要看完那組的作品就大概 300-400 篇，作品會先寄到家中，初審會議前不討論，並建議我們自己先篩選出約 20 篇的作品，然後約在一個週末的下午召集所有的評審，三組分開討論，然後找出共識的 20 篇，等到三組都決定自己組別所刪選出的作品名單，然後就交給蔡素芬執行長，並論述自己對於這組的看法。今年（2013 年）是相對的較少，僅有 800 篇左右，可能導致投稿量下降的原因有二，第一個是因爲經濟有好轉，所以興趣變低，第二個較有可能是因爲其他文學獎的競爭，稀釋了投稿量，不過也現在只能推估。回到在林榮三評審的經驗，他們也是比較希望維持一個固定的初審名單，大多的評審還有林婉瑜、楊佳嫻、林德俊等。然而，林榮三新詩獎的特色就是有特別多的作品是使用本土、民權、監獄的題材。

問題三：

對於這個審查的內容，是評審團個別篩去？或進行討論後投票選取？那另外通常在初、複審是否會有召集人或主席的職位，而多半都是具有什麼樣的身分？

楊宗翰：

在我參與的初審裡面，每組是個自選各自的，到那邊只是去在共同篩選。有共識的當然沒問題，但沒有的話就需要討論。但讓我印象深刻的是，今年和陳思嫻一起評審，她卻選了 50 多篇，因此我們需要選出共同認可的作品。其中初審多以「編輯」為主，主編也不會有什麼主導，林榮三的例子是孫梓評負責聯繫，蔡素芬到場主持，而聯合報新詩獎的初審就是大多在咖啡廳舉辦，是由編輯王開平和林德俊來主持，主編不一定會過去。

問題四：

在這樣的審查，會不會擔心有漏掉什麼樣的作品？

楊宗翰：

其實這個還好，我覺得是機制的問題，像林榮三是採用分組的，我們只可能看到三分之一的總作品量。但如果我們看到自己所選的作品，後來得到冠軍的也會與有榮焉。但我們的猜測跟最後的答案都落差很多，我想最主要是因為複、決審的品味落差蠻大的，小型的新詩獎才可能使用年輕的評審。

問題五：

文學獎的生成有許多的變數，也想就老師的詩觀及評審的觀點，後來在決審評審出的獲獎作品，是否是如老師所料，又或是覺得還有其他選擇。

楊宗翰：

我有特別注意到這點，我認為應該這就像大學教書會遇到不同的人那樣，不能因為自己不查，耽誤到「天才」的露臉。評審絕對不能成為這類作家阻礙的絆腳石。因此，即使有些優秀的作品可能會有「出格」的現象，也就是超出常軌的現象，是源泉不同的類型，甚至要為他辯護，「保」他進入讓更多人去看到的位子。「新詩獎」應是廣納各界聲音的，不能以個人武斷的偏好擺入評審的價值觀。就因為是初審，更應該廣納作品文風，如果是「決審」，一切尊重權威。因此，對此我一再強調用開放的胸襟。

問題六：

在看到那些過去與現今的來稿風格及品質，不知道老師會不會感覺有什麼明顯的差異？又或是有沒有哪次的會議讓老師印象最深刻？

楊宗翰：

參加最多的就是林榮三新詩獎，只要有在台灣幾乎都會參加。而他們也是現今在台灣，最高獎金的創作獎，因此有時候也會招一些老手來參加。我認為「老手」跟「新手」都

能參加文學獎，因為規章沒規定，況且過去陳黎、林燿德都參加過，反正是公平的競爭，就該有心理準備被人家挑戰。我認為這些變化都不大，有更多投稿的意願這是很好的事情，今年（2013 年）今年的品質有差一些，所以選稿選得非常痛苦，也有可能是機率問題。剛好評的那組明顯與去年的有明顯的差異。

問題七：

想詢問老師三大報文學獎會不會消失？另外，根據這樣的流程，老師有沒有「理想的文學獎形式」，應該可以如何去辦理？

楊宗翰：

我認為短期之內不會改變，除非三大報發生改組。有人認為文學獎流弊百出，把你污名化，說成是「得獎專家」，但得到文學獎是一件榮耀的、是喜悅的事情，一投稿就有抱著失敗的心理準備。現在副刊的編輯非常有道德，而且國內文學獎是非常公開、公正的，這樣的文學獎讓很多好的作家探出頭來。以我自己的初審經驗為例，雖然「初審」不如「決審」會有記錄，以及那麼多人去關注到。但是絕不能因為影響力或酬勞不如複、決審而有所差別。我們一致的目標，都是想要得到好的作品，除了一些特殊題材的要求。

問題八：

對於現在有越來越多的文學獎，徵稿對象跨至海外，老師有什麼看法？

楊宗翰：

未來的文學獎可能像「華人星光大道」，絕不能有鎖國的心態。這並非是剝奪權力，因為本來就應該開放投稿，除非是為了特定的獎勵，如果擴至全國華人，像是非洲都有人來投稿的話，那就代表影響力已經跨足海外，而且是對方都已經認同這個獎項了。舉例來說，最近在舉辦的「龍少年文學獎」，就是限制在學中學生投稿，限來自於福建廈門以及台灣北北基，促進兩方首都的文學往來，做一場文學 PK 賽。台灣本來就是一個多元文化的地方，三大報文學獎希望做的應該也是希望吸取到更廣博的作品。

附錄六：新詩獎得主訪談問卷

訪談人：林達陽
得過獎項：2006「林榮三」佳作、
　　　　　2007「時報」評審獎、
　　　　　2010「聯合報」首獎
日期：2013 年 12 月 22 日

1.新詩的文學獎對您的意義？

　　學生時期是精神上的肯定與經濟上的幫助。出了社會後未必是必要的。

2.是否會持續參加其他地方性或全國性的文學獎？

　　不會，象徵性的獎項得過以後就不再投稿文學獎了。

3.在投稿前，會不會有什麼樣的準備？

　　不會，就是從平常寫的作品中挑符合行數字數限制、又自覺比較能接受的作品去投而已。

4.如果有獲獎的話（例如三大報文學獎、全國及地方性文學獎等），在得獎後的寫作經歷，在生活上、申請出版詩集、又或是邀稿，是否有感覺到有什麼明顯的差異？

　　對經濟上當然會有短期幫助，也能免除一些好事者的質疑，讓自己能放手去寫當下想寫的文字而不需太過顧慮別人的期待。除此之外，其他的幫助都很有限。

　　5.哪次的得獎讓你印象最深刻？

　　聯合報新詩首獎那次印象最深，那首詩投過林榮三和聯合報共計三次，第三次才得獎，就是首獎。這讓我更確定文學獎這件事情或許值得放在心裡紀念砥礪，但不必也不適合做為追求目標。

　　6.就台灣目前眾多的新詩獎，從地方政府或財團法人等的舉辦，有什麼想法？

　　應該少辦一點了，或者從根本改變遊戲規則。否則連寫詩者自己都很少在看得獎作品，便失去獎的意義了。

　　7.會不會擔心文壇資深作家與新人，是否能真的被看到？

　　就現況而言，若非大量且連續得獎，要透過獎被看見已經不太可能。但獎本來就不是唯一的被看見機制，不會、也不應該為此擔心。對我來說，作家是寫作的人，不是得獎的人。

8.在公布文學獎的得獎作品之後，會不會有閱讀新詩得獎作品的習慣？如果有的話，對於那些得獎作品，是否會有什麼想法？

　　以前有，現在還好，看是否剛好看到。多半都寫得很出色，但未必每一首都會在心裡留下痕跡。

9.就您心目中理想的文學獎形式，應該還可以怎麼樣去辦理？

　　應該要更靠近人一些，也把格局拓大一點，不要再鎖定在一首詩，也不要完全再把獎勵方式訂為獎金了。一本書的詩量、以及被看到，或許會是更重要的標準和方針。

10.就您所念的中文系（或非念中文系），是否會覺得在寫新詩有什麼樣的幫助？

　　法律系讓我在抽象思維的能力上更有條理一些，也幫助我學會節制情緒。

11.對於現在我們看到有許多馬華籍、或對岸的作家得獎，是否有什麼樣的看法？

　　都很好，更多人喜歡文字，關心文字，投進藝文的創作與閱讀，無論如何都是好事。

　　　　　　　　訪談人：李長青
　　　　　　　　得過獎項：2005、2006 聯合報評審獎
　　　　　　　　　　　　　2009「林榮三」佳作，
　　　　　　　　　　　　　2011 林榮三三獎
　　　　　　　　日期：2013.12.12

1.新詩的文學獎對您的意義？

　　作為檢驗寫作技巧的試驗方式「之一」。督促寫作的方式「之一」。拓展寫作題材。

2.是否會持續參加其他地方性或全國性的文學獎？

　　不一定，要看自己的時間允許否。

3.在投稿前，會不會有什麼樣的準備？

　　有時必須閱讀相關資料。

4.如果有獲獎的話（例如三大報文學獎、全國及地方性文學獎等），在得獎後的寫作經歷，在生活上、申請出版詩集、又或是邀稿，是否有感覺到有什麼明顯的差異？

　　差異或許是有的。但也不是非常明顯。

5.哪次的得獎讓你印象最深刻？

　　2005 年獲得聯合報文學獎新詩獎印象最深刻，因為該獎座造型非常特殊，具有藝術氣質。

6. 就台灣目前眾多的新詩獎，從地方政府或財團法人等的舉辦，有什麼想法？

可主動發掘、鼓勵平時就已經寫得很勤的寫作者。

7. 會不會擔心文壇資深作家與新人，是否能真的被看到？

不擔心。

8. 在公布文學獎的得獎作品之後，會不會有閱讀新詩得獎作品的習慣？如果有的話，對於那些得獎作品，是否會有什麼想法？

閱讀新詩得獎作品的習慣：不一定。有什麼想法：通常都很佩服。

9. 就您心目中理想的文學獎形式，應該還可以怎麼樣去辦理？

若得獎作品們之間的表現差距非常小，則不需硬排出名次。許多時候，名次是弔詭的。可主動發掘、鼓勵時常發表、持續寫作的寫作者。獎金應該再更大幅提高，最好提高到讓社會大眾都知道：原來「文學」這個東西也是有其「有形價值」的，且產值頗高，如此，會有更多人願意投身文學相關產業，帶動整個文學環境邁向更好的境地。

10. 就您所念的中文系（或非念中文系），是否會覺得在寫新詩有什麼樣的幫助？

或多或少，都有助益。尤其是美感經驗的累積。

11.對於現在我們看到有許多馬華籍、或對岸的作家得獎，是
否有什麼樣的看法？

　　樂觀其成。

　　　　　　　　　　訪談人：張繼琳
　　　　　　　　　　得過獎項：2010「林榮三」首獎、
　　　　　　　　　　　　　　　2010「聯合報」佳作、
　　　　　　　　　　　　　　　2013「時報」大獎
　　　　　　　　　　日期：2013 年 12 月 25 日

1.新詩的文學獎對您的意義？

　　水草需要水才能站起來……

2.是否會持續參加其他地方性或全國性的文學獎？

　　機率不高了。

3.在投稿前，會不會有什麼樣的準備？

　　特別去找題目寫作，對我來說是痛苦的。我得獎作品其
實大多是長篇的長詩，然後刪減到規定行數。譬如首獎作品：
「寫生簿」寫了一百首、「舊石器時代」寫了一百多頁（目
前還沒寫完），都是這樣而來的。

4.如果有獲獎的話（例如三大報文學獎、全國及地方性文學獎等），在得獎後的寫作經歷，在生活上、申請出版詩集、又或是邀稿，是否有感覺到有什麼明顯的差異？

　　我人格特質不擅社交公關，得獎的頭銜其實只是曇花一現，千萬不要放大自己。有了得獎「招牌」，當然不否認短期有其幫助，比方演講或當評審之類的。

5.哪次的得獎讓你印象最深刻？

　　自由時報的林榮三文學獎。由於場地豪華氣派，又當場揭曉名次，扣人心弦。

6.就台灣目前眾多的新詩獎，從地方政府或財團法人等的舉辦，有什麼想法？

　　在我看來，充其量只是政治人物有助於宣傳政績罷了。表示自己推廣文化藝文藉以行銷自己。

7.會不會擔心文壇資深作家與新人，是否能真的被看到？

　　不擔心。越是被不理會不注意，寫作才得以從容吧。又，文學早已的式微，不用在意「不被看到」，要視為理所當然。

　　算盤不需抱怨計算機的出現。

8.在公布文學獎的得獎作品之後，會不會有閱讀新詩得獎作
　品的習慣？如果有的話，對於那些得獎作品，是否會有什
　麼想法？

　　會。我注意到，歷屆得獎作品常常成為有志者的「考古
題」，或者是成為風格的模仿。近來則是感覺年輕創作者風
格相似度太高，難以辨識。

9.就您心目中理想的文學獎形式，應該還可以怎麼樣去辦
　理？

　　我比較古板，不喜歡花俏，維持現狀就好。

10.就您所念的中文系（或非念中文系），是否會覺得在寫新
　　詩有什麼樣的幫助？

　　倒不如說是閱讀習慣。我睡前是一定要看書的，否則無
法入眠。

11.對於現在我們看到有許多馬華籍、或對岸的作家得獎，是
　　否有什麼樣的看法？

　　我比較留意對岸的新詩，平時也常買簡體字書籍。雖以
中文寫作，然一方水土養一方人，生活背景殊異，寫出來的
作品自然特別新鮮。我們台灣困難的是，彼此生活經驗差異
不大。大家讀久了，乏了。對岸新詩創作者形形色色，工廠
女工、鐵路工人、戰鬥飛行員都有成為新詩創作者（或得獎
者）的。

訪談人：謝三進

身分：《風球詩雜誌》總編輯、詩運觀察者

日期：104.1.2

1.新詩的文學獎對您的意義？

在寫作的初期，是自我寫作水準的確認（藉由評審們的審視），與寫作自信的來源（文學獎的光環）。到擁有一定的寫作信心之後，文學獎的世俗作用（高額獎金）便逐漸高於藝術效果（技巧磨練與修正）了。甚至變成干擾，每年有限的寫作配額都被文學獎牽著走，由原本緣情而發，變為看題說故事。

2.是否會持續參加其他地方性或全國性的文學獎？

目前暫時停止參加有題目限制的地方文學獎，希望重新調整寫作的步調。

而全國性文學獎的榮譽與高額獎金依舊相當吸引人，只是目前手邊沒有自信能引起評審青睞的題材可寫。

3.在投稿前，會不會有什麼樣的準備？

通常定稿後，會先將稿件進成紙本，帶在身上幾天，有空便重新看過，確認沒有不順暢的部分，也確定刻意經營的技巧都有如願得到展開，且不致遷強。

4.如果有獲獎的話（例如三大報文學獎、全國及地方性文學
　獎等），在得獎後的寫作經歷，在生活上、申請出版詩集、
　又或是邀稿，是否有感覺到有什麼明顯的差異？

　　在生活上沒有影響，地方性文學獎的獎金並不算多，再
加上新詩項目的獎金較少，因而對生活的實質幫助不大。在
申請出版詩集上，似乎也並無決定性的影響，觀察歷年申請
國藝會出版補助者，也並非都是曾經獲獎的寫作者。我個人
是因社團活動與機緣而先獲得邀稿機會，其後才慢慢累積得
獎成果。然而得獎之後，也並未因而增加寫稿的機會。或許
因為是新詩項目，並非市面報刊雜誌著力經營之處。

5.哪次的得獎讓你印象最深刻？

　　文建會好詩大家寫，因為第一屆參加人數較多（似乎是
兩千餘人），也是第一個拿到的全國性非學生文學獎項，因
此印象較深，得到的肯定感也較高（只是後續影響力似乎並
不明顯）。

6.就台灣目前眾多的新詩獎，從地方政府或財團法人等的舉
　辦，有什麼想法？

　　有些地方文學獎，因顧及結合地方特色推廣，而限制主
題要與地方相關，較容易限制住投稿者的參加意願，參加的
人少了，有時素質也不盡理想，如基隆海洋文學獎，限制新
詩獎項需是童詩或者要與海洋意象有關，兩者皆不好掌握，
因而徵獎效果似乎不佳。甚至 102 年度便停止此項徵獎。

7.會不會擔心文壇資深作家與新人，是否能真的被看到？

　　在文學獎面前，資深作家與新人之間的差距，似乎不若名次明顯。首獎較容易被記住，而其他獎項，甚至佳作，幾乎是可有可無的存在。反而是資深作家參加文學獎，得到首獎會被視為理所當然，但若沒有如願拿到首獎，則難免容易讓讀者有該作家失手之猜想。

8.在公布文學獎的得獎作品之後，會不會有閱讀新詩得獎作品的習慣？如果有的話，對於那些得獎作品，是否會有什麼想法？

　　無，一方面是許多文學獎的得獎作品並不容易取得，除非拿到得獎作品集。

　　除了三大報文學獎較引我留意之外，其他獎項並無特別想要閱讀的意願。

9.就您心目中理想的文學獎形式，應該還可以怎麼樣去辦理？

　　1.評審紀錄很重要，希望可以看到更為詳細、討論作品更多的評審紀錄。2.其實文學獎的評審過程必須閱讀大量作品，討論時間又有限，事實上並無法仔細閱讀每件作品，因此理想的文學獎評審過程其實是不存在的。因而可以加強的部分，或許便在得獎作品的處置，予以更多、更適當的發表空間，不限於報紙雜誌等的紙本版面，應以其他方式讓更多人看見（影像化成短篇廣告、微電影？），讓文學獎延續成為一種氛圍，而不只是終止在名次的公告而已。

10.就您所念的中文系（或非念中文系），是否會覺得在寫新
　詩有什麼樣的幫助？

　　其實並沒有，就算在中文系，新詩亦是弱勢，頂多是在
此一單方面的專業成就較容易獲得些。

11.對於現在我們看到有許多馬華籍、或對岸的作家得獎，是
　否有什麼樣的看法？

　　對馬華及大陸籍作家作品認識不夠，近來有文學刊物製
作相關的討論（《聯合文學》2013年12月刊介紹馬華詩人、
《秘密讀者》2014年1月號）「在邊上看海浪生態圈」介紹
中國大陸詩人）已經漸漸擁有更多的認識機會，只是端看台
灣的讀者對於中國詩人是否有進一步認識的意願。

　　　　　　　　　　　　訪談人：林禹瑄
　　　　　　　　　　　　得過獎項：2011「時報」評審
　　　　　　　　　　　　日期：2014.1.20

　1.新詩的文學獎對您的意義？

　　說到底也還是一種肯定，只是並不會把文學獎當成一定
要存在的東西，更重要的還是作品的質量，如果能寫出自己
滿意的，那麼不得獎也沒什麼關係。

　2.是否會持續參加其他地方性或全國性的文學獎？

　　應該會吧，正當一點的理由是有動力鞭策自己寫出比較
有突破性的作品，現實一點的理由大概就是未來還有好長一
段時間會缺錢吧。

3.在投稿前，會不會有什麼樣的準備？

　　當然在投稿時能盡量寫自己所想書寫的東西，但也是會看一下之前一些得獎作品看是怎麼去做的吧。但是後來後來在得到獎那些快樂的感覺卻是很快就過去了，有時也是會在當下想到日後失意的感覺。

4.如果有獲獎的話（例如三大報文學獎、全國及地方性文學獎等），在得獎後的寫作經歷，在生活上、申請出版詩集、又或是邀稿，是否有感覺到有什麼明顯的差異？

　　像是之前（2011 年第 34 屆時報文學獎新詩組評審獎）因為參加頒獎典禮，有這個機會能從評審老師認識作品，到認識幾位文壇作家老師本人。有時候也會因為這樣，例如副刊會有邀稿的可能。另外，之前也因為得到 X19 詩獎，在過了幾年以後，在許赫大哥及國藝會支持之下，出了第一本詩集《那些我們名之為島的》，然後在最近也出第二本詩集《夜光拼圖》，也都是有獲得國藝會的出版補助。

5.哪次的得獎讓你印象最深刻？

　　好像是 x19 耶，因為是一個沒想到會得的獎，獎品內容又有詩集出版，再另外就是它評的是十首詩，有比較全面的肯定，評審也是年輕一輩的人，被自己的同輩肯定好像也蠻重要的

6.就台灣目前眾多的新詩獎，從地方政府或財團法人等的舉辦，有什麼想法？

　　現在台灣不管文學獎或新詩獎，數量都蠻蓬勃的，但也比較難讓其他人去看到作品本身。那些獎提供的獎金，可以供投稿者書寫的動力，因為最實際的，是可以供給在生活上書寫的補助。然而，在地方新詩獎與三大報新詩獎的觀察，也會發現語言會有不同，像是地方文學獎的語言好像會特地避開那些意象繁複的作品（不過畢竟我們也是不知道輩篩選的作品有哪些），而讓我們看到的得獎作品都是技巧簡單意旨明確的。

7.會不會擔心文壇資深作家與新人，是否能真的被看到？

　　其實也是會蠻擔心我們這一輩的人在書寫上是不是能夠真的被注意到。因為畢竟當作家是比較難靠這個就生存或有穩定的收入的，但也就是因為興趣，會一直持續的寫下去。像是最近，就想開始從「散文」發展，開始練習寫一些散文，並投稿文學獎。

8.在公布文學獎的得獎作品之後，會不會有閱讀新詩得獎作品的習慣？如果有的話，對於那些得獎作品，是否會有什麼想法？

　　平常就會閱讀新詩，然後在文學獎公布以後也會去觀察一下作品。

9.就您心目中理想的文學獎形式，應該還可以怎麼樣去辦理？

目前對這個還沒有太多的想法，因為好像都會有其優點與缺點。比較特別的話就像是今年有機會去協助初審的「魚木詩獎」，初審由紫鵑、許阿赫、蘇汝容幾位前輩老師和自己共同篩選出 30 篇作品，在進由複審評選出 15 篇作品；然後跟其他新詩獎不同的是，決審委員是由複審名單的前十五名擔任，並評選出最後優勝的作品。

10.就您所念的中文系（或非念中文系），是否會覺得在寫新詩有什麼樣的幫助？

就是在用字上，比較不會有語法或文意上的侷限。

11.對於現在我們看到有許多馬華籍、或對岸的作家得獎，是否有什麼樣的看法？

我覺得好作品應該是不分地域的，多元的作者/參賽者代表比賽的規模和意義也提高了，總體來說畢竟是件好事。此外，能夠看到更多來自大陸、東南亞的優秀當代文學作品，對於台灣的創作者也頗有激勵作用吧。

訪談人：凌性傑
得過獎項：2005 年林榮三 二獎
日期：2013.12.18

1.新詩的文學獎對您的意義？

　　像一場通過的儀式。得過獎之後，或許就可以放棄對於獎的那份眷戀了。

2.是否會持續參加其他地方性或全國性的文學獎？

　　目前沒有這樣的打算。以後說不定。

3.在投稿前，會不會有什麼樣的準備？

　　唯一的準備是把作品寫好。

4.如果有獲獎的話（例如三大報文學獎、全國及地方性文學獎等），在得獎後的寫作經歷，在生活上、申請出版詩集、又或是邀稿，是否有感覺到有什麼明顯的差異？

　　沒有差異。

5.哪次的得獎讓你印象最深刻？

　　第一屆林榮三文學獎新詩獎。現場公布名次，超級刺激。

6.就台灣目前眾多的新詩獎，從地方政府或財團法人等的舉辦，有什麼想法？

　　沒有意見。

7.會不會擔心文壇資深作家與新人，是否能真的被看到？

　　一點都不擔心。好作品不會寂寞。

8.在公布文學獎的得獎作品之後，會不會有閱讀新詩得獎作
　品的習慣？如果有的話，對於那些得獎作品，是否會有什
　麼想法？

　　大致上都會持續關注，儘量找來閱讀。

9.就您心目中理想的文學獎形式，應該還可以怎麼樣去辦
　理？

　　一、可以多一些鼓勵青少年（未成年）的文學獎，並搭
　配文學工作坊培植文學新苗。二、單篇競賽可以轉型成以出
　版品為主的競賽。

10.就您所念的中文系（或非念中文系），是否會覺得在寫新
　　詩有什麼樣的幫助？

　　經典閱讀對自己的生命有重要的意義，對寫作更是。

11.對於現在我們看到有許多馬華籍、或對岸的作家得獎，是
　　否有什麼樣的看法？

　　不用去分這個文學、那個文學。讓作品本身說明一切吧。

訪談人：波戈拉

得過獎項：2007年聯合報大獎、

2012年時報首獎

日期：2013.12.20

1.新詩的文學獎對您的意義？

文學獎其實最大的用意可能是鼓勵寫作，提供作者被看見的平台。參加文學獎其實多半是想為自己的作品努力看看，彷彿看著自己的孩子，看它能走到哪裡。

2.是否會持續參加其他地方性或全國性的文學獎？

不會，對於發表或比賽怕生。有嘗試過即可。

3.在投稿前，會不會有什麼樣的準備？

也不會，一樣的生活著。不曉得應該做什麼樣的準備喔，是應該沐浴齋戒或是祈禱告解呢？或是旅遊獨處？除了校正以及尊重作品是自己喜歡的模樣，投稿就是寄出了一封郵件，並且不確定有否回信如此的狀態而已。

4.如果有獲獎的話（例如三大報文學獎、全國及地方性文學獎等），在得獎後的寫作經歷，在生活上、申請出版詩集、又或是邀稿，是否有感覺到有什麼明顯的差異？

差異性不大，對於作品發表都已經有想法以及可行的方式，如果有差異，應該是問邀請方。

5.哪次的得獎讓你印象最深刻？

　　得獎經驗都算是蠻深刻的，出席頒獎典禮其實蠻讓人害怕的，不是那麼擅長對於太多人的場合之應對。

6.就台灣目前眾多的新詩獎，從地方政府或財團法人等的舉辦，有什麼想法？

　　不是那麼常參加比賽，不喜琢磨這些。

7.會不會擔心文壇資深作家與新人，是否能真的被看到？

　　我深信想要被看見的人，會找到讓別人注視著他的方法；想要看見什麼的人，會努力成為那雙眼睛。

8.在公布文學獎的得獎作品之後，會不會有閱讀新詩得獎作品的習慣？如果有的話，對於那些得獎作品，是否會有什麼想法？

　　若是有朋友推薦的話，會特別去看，不會主動去尋找得獎作品來閱讀；得獎作品有時是一種比賽制度下折衷的產物，沒有必然的好壞。

9.就您心目中理想的文學獎形式，應該還可以怎麼樣去辦理？

　　也許可以找尋老中青三代各三位評審，以隨機抽籤方式決定評核的階段，也許能讓評審的機制有更多元的可能。

10.就您所念的中文系（或非念中文系），是否會覺得在寫新
　　詩有什麼樣的幫助？

　　　　因為科系的原因，產生閱讀習慣，我相信對於寫作有莫
大之助益。

11.對於現在我們看到有許多馬華籍、或對岸的作家得獎，是
　　否有什麼樣的看法？

　　　　目前沒有特殊之想法。

　　　　　　　　　　　　訪談人：曾琮琇
　　　　　　　　　　　　得過獎項：2006 年時報評審獎
　　　　　　　　　　　　日期：2013.12.14

1.新詩的文學獎對您的意義？

　　　　文學獎作為一個發表平台，使新詩這個小眾文體有書寫
的空間。

2.是否會持續參加其他地方性或全國性的文學獎？

　　　　沒有。

3.在投稿前，會不會有什麼樣的準備？

　　　　等靈感降臨。

4.如果有獲獎的話（例如三大報文學獎、全國及地方性文學
　獎等），在得獎後的寫作經歷，在生活上、申請出版詩集、
　又或是邀稿，是否有感覺到有什麼明顯的差異？
　　目前並沒有特別感覺。

5.哪次的得獎讓你印象最深刻？
　　每次得獎都是自我價值的肯定，都很深刻。（這樣寫可
　以嗎）

6.就台灣目前眾多的新詩獎，從地方政府或財團法人等的舉
　辦，有什麼想法？
　　確實有「同一化」的趨勢，可能是文學獎機制造成的影
　響，但沒有所謂好壞，不符合「文學獎」的新詩作品自然會
　生成自己的市場，而且甚至比文學獎的作品來得深刻精彩。

7.會不會擔心文壇資深作家與新人，是否能真的被看到？
　　有用心，我想就會被看見。

8.在公布文學獎的得獎作品之後，會不會有閱讀新詩得獎作
　品的習慣？如果有的話，對於那些得獎作品，是否會有什
　麼想法？
　　看到驚豔的得獎作品時，會忍不住讚歎：哇，這個詩人
　的腦袋好漂亮。

9.就您心目中理想的文學獎形式，應該還可以怎麼樣去辦理？

　　結集爲一冊再進行評比，不失爲一種篩選的方式。

10.就您所念的中文系（或非念中文系），是否會覺得在寫新詩有什麼樣的幫助？

　　因爲喜歡書寫進入了中文系，中文系的訓練讓我們在前人的肩膀上站得更高，不過，進入研究領域，書寫方式畢竟不同於創作，往往兩者不能兼得。（我啦）

11.對於現在我們看到有許多馬華籍、或對岸的作家得獎，是否有什麼樣的看法？

　　文學不該自我封閉，我想文學獎也是。

　　　　　　　　　　　　訪談人：林餘佐
　　　　　　　　　　　　得過獎項：2009 年林榮三　二獎、
　　　　　　　　　　　　　　　　　2012 林榮三　三獎
　　　　　　　　　　　　日期：2013.11.5

1.新詩的文學獎對您的意義？

　　一種對詩藝的追求與肯定。

2.是否會持續參加其他地方性或全國性的文學獎？

　　會。

3.在投稿前，會不會有什麼樣的準備？

　　會思考題材的大小。

4.如果有獲獎的話（例如三大報文學獎、全國及地方性文學
　獎等），在得獎後的寫作經歷，在生活上、申請出版詩集、
　又或是邀稿，是否有感覺到有什麼明顯的差異？

　　其實並沒有太大的差異，因為文學獎太多了，根本不會
有人記得誰得過獎。

5.哪次的得獎讓你印象最深刻？

　　林榮三文學獎對得獎人十分禮遇，有被重視的感覺。

6.就台灣目前眾多的新詩獎，從地方政府或財團法人等的舉
　辦，有什麼想法？

　　希望以後可以舉辦以一本詩集作為比賽的文學獎。

7.會不會擔心文壇資深作家與新人，是否能真的被看到？

　　要被看見除了得文學獎之外，還需要更多的曝光機會。

8.在公布文學獎的得獎作品之後，會不會有閱讀新詩得獎作
　品的習慣？如果有的話，對於那些得獎作品，是否會有什
　麼想法？

　　會看得獎作品。感覺就是第一名有時候只是敗筆最少的
作品而已。

9.就您心目中理想的文學獎形式，應該還可以怎麼樣去辦理？

　　以一本書為比賽的作品，或是得獎後保證可以出書。

10.就您所念的中文系（或非念中文系），是否會覺得在寫新詩有什麼樣的幫助？

　　大學就讀東海大學有開設新詩習作課程，對於剛入門的創作者有幫助。

11.對於現在我們看到有許多馬華籍、或對岸的作家得獎，是否有什麼樣的看法？

　　很好，可以看到更多元的文學觀。

　　　　　　　　訪談人：陳亮文
　　　　　　　　得過獎項：2013 年「林榮三」 三獎
　　　　　　　　日期：2013.11.26

1.新詩的文學獎對您的意義？

　　自我肯定。

2.是否會持續參加其他地方性或全國性的文學獎？

　　會。

3.在投稿前，會不會有什麼樣的準備？

　　把詩寫好。

4. 如果有獲獎的話（例如三大報文學獎、全國及地方性文學獎等），在得獎後的寫作經歷，在生活上、申請出版詩集、又或是邀稿，是否有感覺到有什麼明顯的差異？

　　暫時沒有。

5. 哪次的得獎讓你印象最深刻？

　　全國學生文學獎。

6. 就台灣目前眾多的新詩獎，從地方政府或財團法人等的舉辦，有什麼想法？

　　無。

7. 會不會擔心文壇資深作家與新人，是否能真的被看到？

　　會。

8. 在公布文學獎的得獎作品之後，會不會有閱讀新詩得獎作品的習慣？如果有的話，對於那些得獎作品，是否會有什麼想法？

　　有。有些寫得真的很好，值得鼓勵。建議頒獎過後公布評審記錄，不管是放在作品集當中或是網路空間都可。

9.就您心目中理想的文學獎形式，應該還可以怎麼樣去辦
　理？

　　（1）為落實創作新人的鼓勵機制，文學獎的主辦單位應限制同一位作者的得獎次數。在我想法中，一位作者在同個文學獎獎得過三或四次，就不得再參加該獎項。（2）文學獎的獎金分配應採用等差級數，而非現行的等比級數。在我想法中，第一名和佳作獎金相差十倍，是非常弔詭而且不公平的配置。

10.就您所念的中文系（或非念中文系），是否會覺得在寫新
　詩有什麼樣的幫助？

　　閱讀量增加，看見眾多作家作品的不同風貌。

11.對於現在我們看到有許多馬華籍、或對岸的作家得獎，是
　否有什麼樣的看法？

　　給予支持與肯定，歡迎所有華文寫作者一起參與。

　　　　　　　訪談人：王志元
　　　　　　　得過獎項：2011年「林榮三」 佳作
　　　　　　　日期：102.11.5

　1.新詩的文學獎對您的意義？
　對創作的初步肯定，亦或某種文壇門檻及入場券。

2.是否會持續參加其他地方性或全國性的文學獎？

　　不一定。有適合的作品會考慮參加。

3.在投稿前，會不會有什麼樣的準備？

　　通常都只是寫自己想寫的東西，有適合的作品才會投稿。

4.如果有獲獎的話（例如三大報文學獎、全國及地方性文學
　獎等），在得獎後的寫作經歷，在生活上、申請出版詩集、
　又或是邀稿，是否有感覺到有什麼明顯的差異？

　　得獎之後作品會有較多人討論，但至於邀稿若只是偶爾
得獎、次數不多的話，就個人經驗來說並不明顯。生活上並
無太大差異，可能是因為我周遭朋友其實不太關注文學獎。
至於申請出版詩集，因為我只出版過一本，且不是以向政府
單位申請輔助來出版，所以並沒有相關經驗。以經驗來說，
得獎之後對出版社行銷有些微助力。

5.哪次的得獎讓你印象最深刻？

　　林榮三文學獎新詩佳作。

6.就台灣目前眾多的新詩獎，從地方政府或財團法人等的舉
　辦，有什麼想法？

　　希望文學獎單位可以以「詩集」作為評判門檻與標準。

7.會不會擔心文壇資深作家與新人，是否能真的被看到？

會，尤其是新詩。相較於小說與散文，新詩在文學獎項目受到的關注並不多。某部份來說，對年輕創作者來說是好事（相較於小說與散文，創作者並不太需要得獎經歷的肯定）但也因為如此，詩的發展與變化在「主流」文學場域也較少被討論。

8.在公布文學獎的得獎作品之後，會不會有閱讀新詩得獎作品的習慣？如果有的話，對於那些得獎作品，是否會有什麼想法？

會關注。覺得似乎有議題的作品較容易得獎。

9.就您心目中理想的文學獎形式，應該還可以怎麼樣去辦理？

希望能以詩集作為文學獎評比的作品單位。詩集是詩創作者的整體作品呈現，若僅是以單首作品論高下，文學獎作品的格局容易被侷限。

10.就您所念的中文系（或非念中文系），是否會覺得在寫新詩有什麼樣的幫助？

研究所就讀的創作與英語文學研究所影響我文學觀許多。不只是在「詩創作」上，而是整個對文學創作的想法。

11.對於現在我們看到有許多馬華籍、或對岸的作家得獎，是
否有什麼樣的看法？

有時會困惑評審如何看待非台灣籍作家作品的本土經驗。

訪談人：葉衽榤
得過獎項：2009 年 林榮三佳作
日期：2013.12.14

1.新詩的文學獎對您的意義？

由於我個人投稿詩刊報紙幾乎都退稿收場，偶而幸獲文
學獎，很有鼓勵意義。

2.是否會持續參加其他地方性或全國性的文學獎？

因目前正在撰寫學位論文，時間被壓縮，很難積極去參
與。若時間上許可，會。

3.在投稿前，會不會有什麼樣的準備？

沒有特別準備。

4.如果有獲獎的話（例如三大報文學獎、全國及地方性文學
獎等），在得獎後的寫作經歷，在生活上、申請出版詩集、
又或是邀稿，是否有感覺到有什麼明顯的差異？

對我個人而言，在申請寫作補助時，有些審查委員會認
為我只是不斷在投稿文學獎，並沒有在詩刊報紙發表，因此
不願意補助。但他們看不見其實我個人常投稿報章雜誌，只
是全遭退稿無法發表。因此獲獎經驗，可能反而是負面的。

5.哪次的得獎讓你印象最深刻？

　　《明道文藝》的全國學生文學獎。第一次能上台說感言。

6.就台灣目前眾多的新詩獎，從地方政府或財團法人等的舉
　辦，有什麼想法？

　　越多單位與團體投入，越好。

7.會不會擔心文壇資深作家與新人，是否能真的被看到？

　　並不會有這樣的想法。有句話說：「懷才就像懷孕，總
有一天會被發現。」

8.在公布文學獎的得獎作品之後，會不會有閱讀新詩得獎作
　品的習慣？如果有的話，對於那些得獎作品，是否會有什
　麼想法？

　　無論是否是得獎作品，只要是報章雜誌與網路上的詩，
都有瀏覽的習慣。

　　如果在閱讀過程中得知這是一篇得獎作品，會多看兩眼。

9.就您心目中理想的文學獎形式，應該還可以怎麼樣去辦
　理？

　　新詩的類型有很多種，如果可以細分次文類進行評審，
會更完善。

10.就您所念的中文系（或非念中文系），是否會覺得在寫新
　　詩有什麼樣的幫助？

　　目前正在就讀的系，並沒有特別往這方面去發展。

11.對於現在我們看到有許多馬華籍、或對岸的作家得獎，是
　　否有什麼樣的看法？

　　文學無國界，國外的作家得獎也能幫助打開台灣文壇的
能見度，我覺得很好。

　　　　　　　　　　　　　　訪談人：楊書軒
　　　　　　　　　　　　　　得過獎項：2010 年時報首獎
　　　　　　　　　　　　　　日期：2014/1/5

　　1.新詩的文學獎對您的意義

　　肯定自我，也是正面的競爭，透過文學獎，有時可以再
審視自己的作品，是否有更好的空間，當然，說真的，對於
在大環境下，相對薄弱的人文科系學生，這也是很好的履歷，
而獎金，也是一誘因。

　　2.是否會持續參加其他地方性或全國性的文學獎？

　　若有適合的作品，先於文學獎前即寫好的作品，仍會參
加，但不會為了文學獎量身打造！

3.在投稿前，會不會有什麼樣的準備？

　　以前會，會看看近年來的得獎作品，有何特質嗎？看看評審是誰？最重要的是，我獨特的觀點有嗎？我是否觸及到更深的命題？我會這麼問自己？現在若要投稿，則完全不考慮別的，投了就是。

4.如果有獲獎的話（例如三大報文學獎、全國及地方性文學獎等），在得獎後的寫作經歷，在生活上、申請出版詩集、又或是邀稿，是否有感覺到有什麼明顯的差異？

　　申請出版一定加分，但不敢說的太絕對，因為是匿名審查，但對於作者在投稿上，會格外有信心，在邀約演講上，也一定會加分，（雖然這很不客觀，但在普羅的價值上，確實深受「肯定」）文學獎帶來一些光芒，也許正是創作者會追求桂冠的原因，當然，在文學將已經泛濫成災的狀態下，小光芒仍有的，也許，仍能擦亮人的雙眼，也許只在一瞬間。

5.哪次的得獎讓你印象最深刻？

　　有一次，沒得獎的紀錄更讓我印象深刻，進入聯合報決選後，結果被剔除，隔了一個星期後，我才意外看到這篇評審會議，當下我笑了出來，並不覺得他們說的多好，也不覺得自己有受挫的感覺，反而覺得自己可以不在意別人的看法，信心十足。另一次是宜蘭文學獎，新詩三獎，那篇作品，用拍攝紀錄片的手法，諷刺雪隧後的宜蘭亂象，評審（尊敬的長輩），認為這篇作品不是宜蘭人寫的，恰巧我是最在地的宜蘭人，當下有種覺醒，文學獎不免是絕對主觀的，但也尊重評審的意見！

6.就台灣目前眾多的新詩獎，從地方政府或財團法人等的舉
　辦，有什麼想法？

　　過多了，曾經和文化局交涉，可以感覺，這些文學獎很
多是出於慣例，出於預算核銷，有時評審的口味，也常常涉
汲個人品味，未必有什麼美學的標準，這就造成了文學獎，
有流俗，和造作的現象，個人感覺。

7.會不會擔心文壇資深作家與新人，是否能真的被看到？

　　不擔心，在網路時代化後，新人輩出，出版也相對容易
些，獨立刊物也更有空間產出，所以這應該不是大問題。

8.在公布文學獎的得獎作品之後，會不會有閱讀新詩得獎作
　品的習慣？如果有的話，對於那些得獎作品，是否會有什
　麼想法？

　　現在多是隨機看到的，不會刻意去找了。文學獎的詩，
個人覺得，不乏有很精采的作品，但是行數限制，字數限制
等等，讓新詩獎，像是在競賽，像是在表演，這是必要的嗎？
我不知道。或者，你看到評審的慣常品味，也不免覺對新詩
獎的標準大大折扣。

9.就您心目中理想的文學獎形式，應該還可以怎麼樣去辦
　理？

　　我覺得一本書的文學獎鼓勵會更好，或者，文學獎少一
點，而讓文學獎更有指標性，或者，審查的制度更嚴謹（值
得討論）。

10.就您所念的中文系（或非念中文系），是否會覺得在寫新
　　詩有什麼樣的幫助？

　　　　身在文學院，當然更能理解文學的形式，修辭，文學史
的脈絡等等，這是一大優勢，但相對的，文學創作，囿於學
院，沒有太多他領域的知識系列進來，或者跳脫學院的保守
傳統，有時中文系，帶給創作者的限制更多。

11.對於現在我們看到有許多馬華籍、或對岸的作家得獎，是
　　否有什麼樣的看法？

　　　　好現象，代表另一種生活樣貌，另群人的思考模式，會
豐富台灣文學獎的層次多，也可刺激本地的創作者，吸收更
多元的養份。

　　　　　　　　　　　　　　訪談人：涂宇安
　　　　　　　　　　　　　　得過獎項：2013 年時報評審獎
　　　　　　　　　　　　　　日期：2013.12.25

1.新詩的文學獎對您的意義？

　　　　就現實層面而言，文學獎帶來了知名度，收入，人脈等
等好處．這對於文學創作者的生存固然是很有意義的。然而
文學藝術終究不是爲了獎章而存在．就得獎作品的藝術價值
而言，光憑得獎不能保證什麼。得獎只是創作過程中偶然獲
得的一份鼓勵，就像馬拉松跑者在途中喝了一杯水。創作者
不能因此自滿或懈怠。

2.是否會持續參加其他地方性或全國性的文學獎？

　　若有合適的作品就會參加，但不會過度強求。

3.在投稿前，會不會有什麼樣的準備？

　　基本上不會有特別的準備，不會為投稿而硬是擠出一篇作品，但會配合投稿條件挑選既有的詩稿再修改投出。

4.如果有獲獎的話（例如三大報文學獎、全國及地方性文學獎等），在得獎後的寫作經歷，在生活上、申請出版詩集、又或是邀稿，是否有感覺到有什麼明顯的差異？

　　知名度提升，讀者變多，獲得邀稿機會也增加了。

5.哪次的得獎讓你印象最深刻？

　　除了校內文學獎之外，只得過時報文學獎。這是第一次得到大型文學獎，所以也是最深刻的一次。

6.就台灣目前眾多的新詩獎，從地方政府或財團法人等的舉辦，有什麼想法？

　　新詩獎一般獎金遠低於小說獎，關於這點我覺得有點可惜，新詩固然字少，但所需的技巧與小說不盡相同，也絕非較小說好寫，新詩又比小說更屬小眾，詩人要出版詩集不容易，若獎金能增加，想必能為許多優秀的詩人紓困。

7.會不會擔心文壇資深作家與新人，是否能真的被看到？

　　不擔心，我相信有真正才華的人終究能被看見。

8.在公布文學獎的得獎作品之後，會不會有閱讀新詩得獎作品的習慣？如果有的話，對於那些得獎作品，是否會有什麼想法？

　　會閱讀新詩得獎作品，並期待看到新的詩人做出新的突破。

9.就您心目中理想的文學獎形式，應該還可以怎麼樣去辦理？

　　希望文學獎的獎金不要按文類而有太大落差。

10.就您所念的中文系（或非念中文系），是否會覺得在寫新詩有什麼樣的幫助？

　　我是英文系的學生，研讀各家詩作和文學（或哲學）理論對於我的創作有很大的幫助。傑出的詩人都是我學習的對象，而理論往往提供了創作的主題。

11.對於現在我們看到有許多馬華籍、或對岸的作家得獎，是否有什麼樣的看法？

　　我相信創作與國籍無關，優秀的創作者自然會受到注意．

訪談人：蕭皓瑋

得過獎項：2013 時報評審獎

日期：2013/12/20

1.新詩的文學獎對您的意義？

　　我也正在思考呢。「新詩的文學獎」感覺具有文學的「正統性」，但這個「正統」，得獎者卻只取悅了初審複審決審共十幾位評審而已。我覺得文學獎本身就牽涉到了一點文學場域裡，某部分才高望重前輩的權威。不否認得了獎或許增加了點文化資本，但文學從來不是孤芳自賞，後續的創作力才是重點。

2.是否會持續參加其他地方性或全國性的文學獎？

　　時報文學獎對我來說算是具指標性，短期內應該會專注完成個人詩集。但若有適合於文學獎的作品，也許會再投稿也不一定。

3.在投稿前，會不會有什麼樣的準備？

　　沒什麼準備，大概確定印表機墨水夠不夠跟有沒有 A4牛皮紙吧。

4.如果有獲獎的話（例如三大報文學獎、全國及地方性文學
　獎等），在得獎後的寫作經歷，在生活上、申請出版詩集、
　又或是邀稿，是否有感覺到有什麼明顯的差異？

　　我目前是學生，得了獎，當然最主要的結果是我的經濟
負擔不會這麼重了。能不能算是詩壇的敲門磚呢？我才剛得
三大報，還沒感受到什麼變化。也許文學獎只是一個部分條
件吧。

5.哪次的得獎讓你印象最深刻？

　　時報文學獎囉。

6.就台灣目前眾多的新詩獎，從地方政府或財團法人等的舉
　辦，有什麼想法？

　　其實文學獎不是增進文藝氣息的重點喔，雖然簡章的第
一行通常都這樣官僚的書寫。（不過大家秉持著慈善事業的
態度支持文人也是不錯）

7.會不會擔心文壇資深作家與新人，是否能真的被看到？

　　不會耶。我相信好作品不會被埋沒的。

8.在公布文學獎的得獎作品之後，會不會有閱讀新詩得獎作品的習慣？如果有的話，對於那些得獎作品，是否會有什麼想法？

有閱讀得獎作品的習慣喔。想法的話，只能說大家都很厲害。

9.就您心目中理想的文學獎形式，應該還可以怎麼樣去辦理？

可以增加新人獎獎項，或是書籍輔助出版。

10.就您所念的中文系（或非念中文系），是否會覺得在寫新詩有什麼樣的幫助？

我讀的人文社會學系本身就是跨領域的結合，雖然偶而會怨嘆讀了這麼多堅礪生冷的書籍，但也許有潛移默化的影響？

11.對於現在我們看到有許多馬華籍、或對岸的作家得獎，是否有什麼樣的看法？

很好啊，代表台灣的文學獎已有權威性，這是好事情。

後　　記

　　詩的世代，需要我們持續去信仰與碰撞。

　　既然如此，請容文豪奢侈又任性地，利用這本書、這片空間 ── 當做未來某天會回頭看到這裡的備忘錄吧。

　　不可免俗的，打自心裡有無限感謝，尤其是這本書的原型學位論文的指導教授孟樊老師，給予學生前進的動力，並不厭其煩地提出需要調整的地方，花費您這麼多寶貴的時間，實在是感念的點滴在心頭。期許自己，有天不論在什麼位置，都能夠記得這樣為師者的形象，以作為一種學習的典範。亦由衷感謝當時兩位口考委員林于弘老師與洪淑苓老師願意提點學生，並分享很多寶貴的意見與想法。另外，感謝楊錦郁編輯、林德俊老師、楊宗翰老師、丁威仁老師給予本篇論文許多提點與指引，以及接受訪談的各位詩人大大，請讓學生在此表達最高的謝意與敬意！因為有您們，詩壇才如此熱鬧與快活。

　　或許這是碩士生生涯的短短呈現，我不斷努力地寫、寫、寫，寫滿這比他人還晚開始的幾年。可是也才發現……生命的發生，一直有她的意義，我們都必須學會更多的從容。有時，多點抱怨也無所謂，只要別忘了「回抱」這些抱怨。

　　抱抱他們，他們會是我們未來成長的力量。

感謝願意看到這裡的您。我希望我會繼續努力走下去，用力的繼續想念。直到有天，這些記憶裡的人、事、物，也願意花個幾秒鐘，把我想起，把我召喚。

只要你願意記得。

趙文豪 於 2014.12.31 夜